Erfolgreicher Einstieg in den
österreichischen Arbeitsmarkt

Iris Muche

Erfolgreicher Einstieg in den österreichischen Arbeitsmarkt

Empowerment für Corporate Berufseinsteiger:innen

 Springer Gabler

Iris Muche
Die Max Mustermann
Wien, Österreich

ISBN 978-3-658-48940-3   ISBN 978-3-658-48941-0   (eBook)
https://doi.org/10.1007/978-3-658-48941-0

Die Deutsche Nationalbibliothek verzeichnet diese Publikation in der Deutschen Nationalbibliografie; detaillierte bibliografische Daten sind im Internet über https://portal.dnb.de abrufbar.

Planung/Lektorat: Vera Treitschke
Springer Gabler ist ein Imprint der eingetragenen Gesellschaft Springer Fachmedien Wiesbaden GmbH und ist ein Teil von Springer Nature.
Die Anschrift der Gesellschaft ist: Abraham-Lincoln-Str. 46, 65189 Wiesbaden, Germany

Wenn Sie dieses Produkt entsorgen, geben Sie das Papier bitte zum Recycling.

Danke an meine Liebsten!

Vorwort

Es ist ein sonniger Mittwoch im Frühling, als ich in der österreichischen Nationalbibliothek in Wien sitze und diese Zeilen verfasse. Das Buch ist inhaltlich fertig und ich mache mich freudig ans Schreiben des Vorwortes, um dieses „Baby" nun endlich fertigzustellen, sodass es raus in die Welt und Menschen bereichern und inspirieren kann.

Während des Schreibens habe ich selbst auch viel dazugelernt, noch mehr reflektiert und mit meinem Umfeld sowie Expert:innen diskutiert. Darüber, welche Inhalte uns wohl damals beim Einstieg in die Arbeitswelt in Österreich weitergeholfen hätten. Dieses Buch hat den Anspruch, deine Begleitung genau dabei zu sein. Dich zu empowern, deinen Platz darin zu finden.

Obwohl ich dieses Buch mit nur 29 Jahren verfasst habe, habe ich in den doch stattlichen 12 Berufsjahren so vielfältige Erfahrungen gesammelt, dass ich behaupten möchte, ich habe so ziemlich alles durch.

Begonnen hat meine Arbeitserfahrung mit 17 Jahren im Marketing einer Gesundheits-NGO. Es war ein Praktikum, wie man es sich vorstellt: ich habe viel kopiert und sortiert. Ich bekam darüber hinaus aber auch die Möglichkeit, mich in Projekten kreativ auszuleben. Nach dem Schulabschluss war ich dann eine Zeit lang im Ausland als Lehrkraft für eine andere NGO tätig.

Während des BWL-Studiums habe ich dann verschiedene Kellnerjobs gemacht, als Orthopädie-Assistenz gearbeitet und auch in der Studierendenvertretung als Ehrenamt mit viel Verantwortung, Gestaltungsmöglichkeiten und Führungserfahrung mitgewirkt.

Nach dem Studienabschluss kam dann mein erster Vollzeitjob im Baukonzern. Dort habe ich zuerst eine Marketingrolle ausgeübt und später dann in der Corporate Social Responsibility Abteilung die Leitung der Fraueninitiative und der Betrieblichen Gesundheitsförderung innegehabt.

Auf der Suche nach neuen Herausforderungen und nach meinem Master in Projektmanagement und Organisationsentwicklung habe ich eine Stelle in einer renommierten Unternehmensberatung als IT Projektmanagement Consultant ergattert, die mich sehr bereichert hat.

Und dann kam Corona … und mit dieser Zeit kam bei mir stark die Sinnfrage auf: Was möchte ich mit der begrenzten Zeit, die mir auf dieser Welt zur Verfügung steht, machen? Also habe ich das Engagement in einem feministischen Verein als Marketing- und Eventmanagerin aufgenommen und als Wertschätzung dafür mein erstes Coaching erhalten. Diese Erfahrung hat mich so geprägt, dass ich auch Coachings anbieten wollte, um Menschen zu helfen. Also habe ich die Ausbildung zur Lebens- und Sozialberaterin begonnen, da dieses Gewerbe die Voraussetzung ist, um dieser Tätigkeit nachgehen zu dürfen.

Irgendwann wurde die Stimme in mir, die auf meine persönlichen Werte bedacht ist, so laut, dass ich beruflich zu einer großen Umweltschutz-NGO gewechselt bin – dort habe ich dann sogar meinen Mann kennengelernt, der Wechsel hat sich also jedenfalls gelohnt!

In dieser Zeit erlitt ich ein Burnout, da ich noch nicht gut genug auf mich geachtet habe – auch das möchte ich dir in diesem Buch deutlich mitgeben, um dir dieses Schicksal zu ersparen. Während der Zeit der Genesung war ich arbeitslos, was auch eine einschneidende Erfahrung war. Spätestens seit dem schätze ich das Arbeitsmarktservice (AMS) Österreich sehr, denn damit hat Österreich ein tolles Auffangnetz für herausfordernde Zeiten.

Als es mir wieder gut ging, habe ich die Ausbildung abgeschlossen, erste Coaching-Praktika absolviert und eine Trainer-Ausbildung sowie die Weiterbildung zur Achtsamkeitstrainerin und zur Beziehungscoach gemacht. Endlich war ich qualifiziert für meine neue Traumstelle und durfte am Unternehmensgründungsprogramm des AMS teilnehmen, bei dem man bei der Unternehmensgründung durch Coachings und Workshops unterstützt wird.

Mit 1.1.2025 habe ich mich dann tatsächlich selbstständig gemacht. Ich habe mein Unternehmen „Die Max Mustermann" gegründet, um Menschen, die sich von Fremderwartungen lösen möchten, dabei zu unterstützen, ihr „Normal" im Leben zu finden. Der Name soll darauf aufmerksam machen, dass unser Leben nicht in sperrige Formulare passt und wir unser Leben nicht als Platzhalter:in leben sollten. Dafür ist es viel zu kurz und zu kostbar. Außerdem berate ich Organisationen zu den Themen Organisation, Gesundheit und Wahrnehmung, um sie zukunftsfähig zu machen.

Arbeit nimmt jedenfalls sehr viel Zeit unseres Lebens ein. Oft sehen wir unsere Kolleg:innen in der Woche länger als unsere Familie. Deshalb ist es essenziell, die richtige Arbeitsstelle für uns zu finden (was an verschiedenen Stellen des Lebens komplett unterschiedlich, aber natürlich auch gleich aussehen darf), um unser Wohlbefinden nicht zu gefährden und ein von Freude erfülltes Leben zu führen.

Dieses Buch soll dich dabei unterstützen, mutig und gestärkt deinen Weg zu gehen. Viel Freude beim Lesen und Erleben!

Wien, Österreich   Iris Muche

Inhaltsverzeichnis

Über die Autorin

Iris Muche MA hat vielseitige Berufserfahrungen gesammelt und ist mehrfach zertifizierte Projektmanagerin mit einem Masterstudium in diesem Bereich. In ihrer psychosozialen Beratungsarbeit sowie ihrer eigenen Berufserfahrung als Managerin ist ihr immer wieder die Relevanz von Empowerment der Berufseinsteiger:innen aufgefallen und dass bisher im Managementbereich nicht ausreichend darauf geachtet wird. Dieses Buch soll die Relevanz von Empowerment von Berufseinsteiger:innen aufzeigen.

Unter dem Alias „Die Max Mustermann" bietet sie auch Einzelberatungen, Gruppencoachings, Workshops, Trainings und Events für Einzelpersonen und Unternehmen in Wien und online an.

© diemaxmustermann.com

1

Einleitung

Aller Anfang ist schwer. Doch das muss nicht sein. Dieses Buch soll dich dabei unterstützen, erfolgreich in den österreichischen Arbeitsmarkt zu starten. Ob dies nun der Fall ist, weil du vor kurzem deine Ausbildung beendet hast oder du gerade noch in den finalen Zügen davon bist: dieses Buch unterstützt dich auf der kompletten Reise vom Bewerbungsprozess, über deinen Arbeitsantritt, bis hin zum Meistern deines persönlichen Arbeitsstils. In diesem Zusammenhang werden auch Chancen und Herausforderungen im Einsatz von künstlicher Intelligenz aufgezeigt und diskutiert.

Der Übergang von der Ausbildung in den Beruf ist für viele Menschen ein prägender Moment, der sowohl Chancen als auch Herausforderungen mit sich bringt. Ein erfolgreicher Karrierestart legt den Grundstein für langfristige berufliche Zufriedenheit und Erfolg. Doch der Weg dorthin kann voller Unsicherheiten sein – sei es bei der Suche nach dem richtigen Job, dem ersten Arbeitstag oder dem Finden eines persönlichen Arbeitsstils.

I. Muche, *Erfolgreicher Einstieg in den österreichischen Arbeitsmarkt*, https://doi.org/10.1007/978-3-658-48941-0_1

Du kannst dieses Buch als Begleitlektüre sehen, mit der du dich Schritt für Schritt im Prozess vorantastest.

In diesem Buch werden die relevanten Bereiche in konzentrierter Form dargestellt und es wird ein aktueller Überblick mit speziellem Fokus und Tipps für den österreichischen Arbeitsmarkt gegeben. Mein Ziel ist es, dir praktische, erprobte Strategien an die Hand zu geben, die dir helfen, in der neuen Arbeitsumgebung Fuß zu fassen, dich sicher und wohl zu fühlen und deine beruflichen Ziele zu erreichen. Denn ein erfolgreicher Start ist die Grundlage für langfristigen Erfolg.

2

Meistere deine Bewerbung

Herzlichen Glückwunsch! Du hast dich also dazu entschlossen, in den österreichischen Arbeitsmarkt einzutreten. Dabei gilt es, vielseitige Dinge zu beachten. Das Ziel dieses Kapitels ist es, dich bei deiner Bewerbung ideal zu unterstützen. Dabei geht es zuerst darum, die eigene(n) Wunschposition(en) zu definieren, die passenden Bewerbungsunterlagen für den österreichischen Arbeitsmarkt zu gestalten und im Abschluss wird erläutert, wie man sich erfolgreich auf den Bewerbungsprozess vorbereitet. Am Ende des Kapitels wird außerdem gezeigt, welche Chancen und Herausforderungen sich in diesem Zusammenhang mit der Nutzung von KI ergeben.

Jetzt ist der richtige Zeitpunkt, um sich all diese Gedanken zu machen. Denn noch nie war die verfassungsrechtlich verankerte Freiheit der Berufswahl für so viele Menschen gewährleistet wie heute. Diese Freiheit zieht sich nicht nur durch die Wahl einer bestimmten Profession, sondern auch durch die konkrete Karriereplanung. Wir selbst haben es heute in der Hand, Erfolge zu planen und zu gestalten (Haag 2020, S. 3). Bist du bereit, deine Wunschposition(en) zu definieren? Denn damit baust du das Fundament deiner Bewerbung auf.

© Der/die Autor(en), exklusiv lizenziert an Springer Fachmedien Wiesbaden GmbH, ein Teil von Springer Nature 2025
I. Muche, *Erfolgreicher Einstieg in den österreichischen Arbeitsmarkt*,
https://doi.org/10.1007/978-3-658-48941-0_2

2.1   Definiere deine Wunschposition(en)

Bevor es an die Bewerbung gehen kann, ist es essenziell, dir erst einmal darüber klar zu werden, was du machen kannst und vor allem willst. In deinem beruflichen Werdegang ist es wichtig, genau die Position und das Unternehmen zu finden, die zu dir passen. Denn wenn dies nicht der Fall ist, steht Wichtiges auf dem Spiel: deine Motivation, dein Engagement, dein Leistungswille, deine berufliche Zukunft, für die du mit jedem Arbeitsplatz wichtige Bausteine setzt, und deine Gesundheit (Rohrschneider und Lorenz 2015, S. 11–12).

Deshalb geht es im Folgenden darum, wie du deine Wunschposition definieren kannst. Dafür beschäftigen wir uns zuerst mit dem Blick in dein Inneres, um dich frei für deine Überlegungen zu machen, dann der Zielsetzung und danach wird beleuchtet, welche verschiedenen Arbeitsumgebungen es gibt.

2.1.1   Blick nach Innen

Die Basis, um deine Wunschposition(en) zu bestimmen, liegt in deinem Inneren. Das klingt jetzt vielleicht zuerst einmal komisch oder ungewohnt, aber versuche nun bitte deinen Blick wertschätzend auf dein Inneres zu legen: denn so erfährst du viel darüber, wie du arbeiten möchtest. Im Folgenden wirst du dazu eingeladen, dir erst ein paar Fragen zur Selbstanalyse zu stellen, dann reflektierst du deine mögliche Berufsidentität, identifizierst belastende Glaubenssätze und entwickelst eine gesunde Arbeitshaltung.

2.1.2   Selbstanalyse durchführen

Im ersten Schritt geht es darum, die eigenen Kompetenzen und Präferenzen zu bestimmen. Für diese Selbstanalyse beantworte bitte die folgenden Fragen und werde dir so klar, was du möchtest und was du keinesfalls willst. Bitte nimm dir dafür ausreichend Zeit und beantworte die Fragen gewissenhaft.

> Sei bei der Selbstanalyse gnadenlos ehrlich und beantworte die Fragen nach deinem heutigen Stand.

Hier ein Überblick über Fragen zur Selbstanalyse der eigenen Kompetenzen und Präferenzen, die du nun bitte für dich – ganz ehrlich – beantwortest:

- Was sind meine Stärken und Schwächen?
- Welche Tätigkeiten bereiten mir Freude?
- Welche Werte und Prinzipien sind mir wichtig?
- Welche Arbeitsumgebung bevorzuge ich?
- Welche Erfahrungen habe ich bereits gemacht? Was will ich davon (nicht) wieder tun?
- Wer sind meine Idole? Auf welchen Job bin ich neidisch?
- Wie sieht mein Umfeld aus? Gibt es jemanden, der/die mich inspiriert?
- Was sind meine Grenzen? Was bin ich nicht (mehr) bereit zu tun?

Wenn du diese Fragen beantwortet hast, ergibt sich ein erstes Bild davon, wo die Reise hingehen könnte. Wenn du dir mit der Beantwortung schwertust, empfiehlt es sich, zusätzlich eine Vertrauensperson aus deinem Umfeld zu Rate zu ziehen und sie zu bitten, die Fragen für dich zu beantworten.

Berufsidentität reflektieren

Im nächsten Schritt empfiehlt es sich, dass du dir Gedanken zu deiner Berufsidentität machst, denn diese baut auf deinen Kompetenzen und Präferenzen auf. Mit der Wahl der Richtung deiner Ausbildung hast du hier schon einen Grundstein für deine berufliche Zukunft gelegt. Den passenden Beruf findest du in der Reflexion deiner professionellen Identität. Diese entwickelt sich als ein inneres Bild, bestehend aus Eigenschaften, Ansichten und Werten des gewählten Berufs. Des Weiteren braucht es dafür eine zeitgleiche Identifikation mit dem eigenen Handeln (z. B. Arbeit, Ergebnis, Bedeutung) und der beruflichen Zugehörigkeit (z. B. Kolleg:Innen, Berufsgruppe, Industrie).

Dabei führt eine hohe Identifikation mit der Stelle zu positiven Effekten wie höherer Arbeitszufriedenheit, Stärkung des beruflichen Selbstwerts oder Verbesserung der Beziehungen zu anderen. Daher ist das Zusammenpassen der eigenen Identität und dem angestrebten Berufsbild wichtig für berufliche Erfolge und Zufriedenheit.

In der Literatur finden sich folgende Punkte als Ansätze zur Entstehung von Berufsidentitäten:

- Sozialisierung: Hier steht die Interaktion (Konflikt, Austausch, Diskussion) mit der Berufsgruppe im Vordergrund.
- Entwicklung: Dies beschreibt die Veränderung der eigenen Berufsrolle durch Aufstieg oder Wechsel.
- Identitätsarbeit: Beschreibt die aktive und bewusste Auseinandersetzung mit dem eigenen Berufsbild.

Die Identitätsarbeit stellt dabei einen Ansatz dar, um sich direkt mit der eigenen Berufsidentität auseinanderzusetzen. Durch (Selbst-)Reflexion kann versucht werden zu verstehen, wo die eigenen Interessen, Begabungen oder Leidenschaften liegen. Ebenso lohnt es sich, die eigenen Werte zu hinterfragen, um herauszufinden, ob das angestrebte Berufsbild der eigenen Ethik entspricht.

Bitte nimm dir auch nun wieder ausreichend Zeit und beantworte die folgenden Fragen zur Reflexion der Berufsidentität gewissenhaft:

- Wo liegen meine Interessen und wie kann ich diese mit meinem künftigen Beruf verbinden?
- Welche meiner Fähigkeiten und Talente helfen mir im Berufsleben? (Teamfähigkeit, Zuhören können, Organisation, etc.)
- Welche Werte sind bei meiner Berufswahl entscheidend? (Nachhaltigkeit, Fairness, gesellschaftlicher Mehrwert etc.)
- In welchem Umfeld fühle ich mich wohl? Welches Unternehmen bietet mir ein ähnliches Umfeld? (Uniport 2025a)

Nun gleiche die Antworten mit der vorherigen Selbstanalyse ab. Gibt es Überschneidungen oder auch Gegensätze? Versuche wieder gnadenlos ehrlich mit dir selbst zu sein und somit die richtige Richtung zu finden.

Wenn du dir mit den beiden Übungen eher schwergetan hast und du deine Persönlichkeit noch nicht so gut reflektieren kannst, kannst du eine vertraute Person fragen, ob sie dir dabei hilft, denn oft ist hier eine Perspektive von außen Gold wert. Darüber hinaus sind eventuell Persönlichkeitstests etwas Spannendes für dich. Das Karriereberatungszentrum der Universität Wien etwa bietet zwei verschiedene kostenpflichtige Testungen an, bei denen man viel über sich herausfinden kann (GPOP und AIST-3) (Uniport 2025b).

Arbeitsmythen hinterfragen
Im nächsten Schritt beschäftigen wir uns mit gängigen Arbeitsmythen. Denn im Zusammenhang mit dem Arbeitsleben haben sich über die Jahre vielzählige Mythen entwickelt. Diese Geschichten sind sehr mächtig, da sie immer und immer wieder erzählt werden. Dabei spielt es keine Rolle, ob sie richtig oder falsch sind. Egal wie sie entstanden sind, sie sind ein Teil der Arbeitskultur, denn sie bestimmen Verhaltensweisen und Werte. Sie beeinflussen unser Denken und Handeln in erheblichem Maße und viele Mitarbeitende glauben sie. Doch wenn wir sie unreflektiert glauben und ihnen im Berufsleben gerecht werden wollen, kann es anstrengend bis unmöglich werden. Konkurrenzkampf, Neid und Missgunst erzeugen auf Dauer inneren Druck, der gesundheitlich belastet.

Lies nun die folgenden Sätze und kreuze an, ob diese Aussagen Einfluss auf deine Arbeitshaltung und deine Wertvorstellungen haben. Falls du weitere solcher Aussagen kennst, trag diese in die Liste dazu ein:

- Nur wer viel Stress hat, ist ein:e gute:r Mitarbeiter:in.
- Nur wer viele Überstunden macht, ist engagiert und arbeitet hart.
- Ich muss mich zusammenreißen und darf nicht krank sein.
- Ich muss meine Arbeit trotz privater Probleme schaffen.
- Je mehr ich verdiene, desto glücklicher bin ich.
- Nur ein sicherer, unbefristeter Arbeitsplatz ist ein guter Arbeitsplatz.
- Arbeit muss anstrengend sein, sonst sind ich und meine Arbeit nichts wert.
- Ich darf keine Fehler machen.
- …

Na, den einen oder anderen Satz schon mal gehört oder gedacht? Um zu einer gesunden Arbeitshaltung zu kommen, kann es hilfreich sein, die Arbeitsmythen nicht nur zu erkennen, sondern

sie positiv umzuformulieren. Der letzte Satz könnte also z. B. lauten: „Aus Fehlern lässt sich lernen." Denn obwohl Fehler in unserem nach Perfektion strebenden Kulturkreis gar nicht gerne gesehen werden, können sie durchaus eine positive Seite haben. Wenn du etwa gleich zu Beginn deiner neuen Arbeitsstelle einen Fehler machst, merkst du schneller, worauf es ankommt. Noch dazu: Die meisten

großen Erfindungen basieren auf Fehlern und Missgeschicken, wie etwa die Glühbirne, der beutelfreie Staubsauger und viele Medikamente.

In immer mehr Organisationen fördert man daher eine Fehlerkultur, weil man sich davon

neue kreative und innovative Lösungen und Ideen erhofft. Doch wie bei allen anderen Mythen auch, kann es schwer sein, sich an die neue Zuschreibung zu gewöhnen.

Gehe spielerisch mit Mythen um. Formuliere sie um, damit sie dir gut tun, und nimm die Sache mit Humor.

Darüber hinaus kannst du auch deine Kolleginnen und Kollegen darauf hinweisen, wenn

dir auffällt, dass wieder einmal einer dieser „schädlichen" Sätze fällt oder gelebt wird. Denn wir alle gestalten gemeinsam unsere Arbeitswelt. Wir können sie jeden Tag verbessern

und verändern. Wir sind nicht die Opfer dieser bisherigen Haltungen (Länger 2018, S. 36–39).

Belastende Glaubenssätze identifizieren

Neben den Mythen, die allgegenwärtig sind, gibt es noch eine weitere Sache, die unsere Wahrnehmung und Handlungen beeinflusst, und zwar unsere Glaubenssätze. Diese zeigen sich als eine Art individuelles Muster und werden wie ein genetischer Abdruck in der Familie weitergegeben.

Dabei sind Glaubenssätze Prägungen, die wir bereits als Kind durch die Familie, Bekannte, Nachbarschaft, Dorf, Gemeinde, Region, Schule und im gesellschaftlichen Umfeld erfahren haben. Diese Glaubenssätze treiben uns an und bestimmen unsere Verhaltensweisen. Sie werden als innere Überzeugungen und Werte unbewusst übernommen und meist nicht infrage gestellt. Als Kinder hatten wir wenig Möglichkeiten, uns den Vorgaben zu widersetzen und als Erwachsene fühlen wir uns in der Pflicht, uns nach ihnen zu richten, obwohl die alten Zwänge schon längst nicht mehr gelten – bis wir beginnen unsere Glaubenssätze zu reflektieren. In der Transaktionsanalyse, eine Theorie zur menschlichen Persönlichkeitsstruktur, unterscheidet man fünf häufige solcher Glaubens- oder Antreibersätze (Länger 2018, S. 40–45):

1. Sei perfekt.
2. Beeile dich.
3. Arbeite hart.
4. Mache es allen anderen recht.
5. Sei stark und reiß dich zusammen.

All diese Sätze sind gängige Konditionierungen und Erziehungsmuster. Denn durch unsere vorherrschenden Verhaltensregeln werden eben jene Antreibersätze vermittelt. Das bedeutet, Kinder sollen stark, mutig, lieb, brav sein, sich beeilen und sich um andere kümmern. Wir durften unter Umständen nicht weinen und sollten uns zusammenreißen, keine Angst haben, freundlich sein und stillsitzen. Dabei wurde Widerstand mit Liebesentzug und sozialer Ächtung bestraft. Die Folge von all dem? Wir verhalten uns konform und erfüllen die Erwartungen unserer Umwelt. Oftmals wird uns dieser Zusammenhang erst klar, wenn wir bemerken, wie schwierig es ist, eingeübte Verhaltensweisen zu verändern. Doch eine Veränderung ist unumgänglich, denn wir gehen über unsere Grenzen, ignorieren unsere Bedürfnisse und stellen die Selbstfürsorge hinten an. Die strengen Muss-Regeln der persönlichen Antreiber lassen kein anderes Verhalten zu. Unser Denken, Fühlen und Handeln werden durch die früh vermittelten Botschaften geprägt, positiv wie negativ. Sie sind einerseits unsere Stärken und Talente und auf der anderen Seite unsere Antreiber und Dämonen. Wenn du wissen möchtest, welche Antreiber in dir besonders aktiv sind, mach doch gleich mal den Antreibertest. Google dafür nach „Antreibertest" und du wirst ein reichhaltiges Angebot an Online-Tests finden. Dabei handelt es sich um etwa 50 Fragen, die du in ca. 15 min beantworten können solltest.

Doch was tun wir nun, wo wir unsere belastenden Glaubenssätze kennen? Im nächsten Schritt geht es darum, anstelle der bisherigen Sätze wohlwollende Erlaubnissätze zu kreieren. Diese Erlaubnissätze kannst du dir selbst verordnen und deinem Verhalten so eine andere Richtung geben. Auf diese Art entwickelst du Schritt für Schritt eine entlastende, fürsorgliche und entspannte Arbeitshaltung.

Formuliere nun also einen Erlaubnissatz, der deinen ausgetesteten Antreibersatz ablöst. Achte dabei darauf, dass du dir keine neuen „Muss"-Formulierungen auferlegst. Der Satz soll sich leicht anfühlen. Zur Inspiration hier eine Beispielsammlung an Erlaubnissätzen, die du nutzen könntest:

- Ich bin, wie ich bin. Ich darf offen, spontan und humorvoll mein Arbeiten und mein Leben so gestalten, wie es mir guttut.
- Ich lasse mir so viel Zeit, wie ich benötige. Ich nehme Rücksicht auf mein Tempo und meine Bedürfnisse.
- Alles, was ich tue, ist wertvoll. Meine Arbeit darf mir leicht von der Hand gehen und Spaß machen.
- Ich tue und lasse, was ich für richtig halte.
- Ich stehe zu mir. Ich bin kraftvoll. Gleichzeitig nehme ich meine Bedürfnisse nach Ruhe, Entspannung und Erholung wahr.

Diese Sätze klingen doch um einiges schöner und kraftspendender, oder? Doch diese Sätze in deinem Leben zu etablieren ist nicht ganz einfach. Schließlich haben wir uns schon Jahrzehnte lang die belastenden Sätze erzählt. Um dieses Umdenken zu fördern, schreibe dir deinen Satz auf und platziere ihn in deinem Wohnraum und/oder Arbeitsplatz, wo du ihn immer wieder gut sehen kannst. Achte bewusst darauf, dir deinen Satz mindestens fünf Mal am Tag zu sagen. Je öfter du den Satz wiederholst, desto mehr entfaltet er seine Wirkung. Alternativ kannst du den

Satz auch immer wieder mal schreiben, denn auch so verankert er sich weiter in deinem Gehirn. So nimmst du quasi eine Neuprogrammierung deiner persönlichen „Verhaltensfestplatte" vor (Länger 2018, S. 39–46).

> Sei geduldig mit dir und deinen Veränderungserfolgen bei dieser persönlichen Entwicklungsarbeit. Veränderungen brauchen Zeit und Aufmerksamkeit.

Gesunde Arbeitshaltung etablieren

Jetzt haben wir uns schon viel damit auseinandergesetzt, welche Denkweisen man ablegen sollte, um langfristig erfolgreich im Arbeitsleben zu sein. Doch wie könnte deine Arbeitshaltung denn nun aussehen? Um das herauszufinden, lade ich dich ein, die Übung der Zeitreise auszuprobieren. Denn jede Idee entsteht zunächst in unseren Gedanken und kann dann verwirklicht werden. Los geht's:

Übung: Die Zeitreise

Setze dich bequem hin und atme in den Bauch, ganz tief ein und ganz tief wieder aus. Entspanne dich und mache in deinen Gedanken einen Spaziergang durch deine Arbeitswelt. Lies dazu erst die folgenden Zeilen und spiele die Geschichte danach in Gedanken durch. Anschließend beantwortest du die untenstehenden Fragen.

Stell dir vor, du sitzt nach getaner Arbeit in einem gemütlichen ruhigen Café in der Nähe deines Arbeitsplatzes. Es ist ein wunderschöner Sommertag. Du hast den Rest des Tages frei. Es gibt nichts, was dich beunruhigt. Alles fühlt sich entspannt und heiter an. Das Sonnenlicht fällt auf den kleinen Bistrotisch, an dem du sitzt. Plötzlich trifft dich der Strahl einer Zeitmaschine und beamt dich ein Jahr in die Zukunft. Deine vielleicht gerade vorherrschenden Belastungen und Warnsignale haben sich in einer Wohlfühlatmosphäre aufgelöst. Berufliches, Privates, und deine Selbstfürsorge sind in Balance.

Beantworte nun die folgenden Fragen:

- Wie sieht dein Arbeitsweg aus?
- Wie sieht dein Arbeitsplatz aus?
- Wie läuft dein Arbeitsalltag ab?
- Wie sorgst du dabei gut für dich selbst?
- Welches Arbeitsklima findest du vor?
- Mit wem arbeitest du zusammen und auf welche Weise?
- Was hat sich vielleicht auch privat verändert?

Du kannst dir deine neue Arbeitshaltung nun in allen Formen und Farben ausmalen. Alles ist erlaubt und alles ist möglich. Du darfst nun wirklich alle deine Träume und Ziele verwirklichen. Notiere dir das Bild deiner Zeitreise auf einem Zettel.

Diese Zeitreise kann der erste Anstoß für die praktische Umsetzung sein. Wenn sich das Bild deiner neuen, gesünderen Arbeitshaltung in dir gefestigt hat, kannst du die Verwirklichung ohne große Anstrengung und mit viel Energie angehen (Länger 2018, S. 46–48).

2.1.3 Zielsetzung festlegen

Um die Suche nach der richtigen Position starten zu können, ist es wichtig, sich zunächst mit den eigenen Zielen zu beschäftigen. Denn die richtigen Schritte für deine langfristige berufliche Entwicklung kannst du nur dann tun, wenn du weißt, was du erreichen willst. Dabei gilt es auch darauf zu achten, dass Privat- und Berufsleben miteinander vereinbar sind. Bei der Formulierung deiner Erwartungen und Ziele solltest du auch immer gleich überlegen, wie wichtig ein Ziel für dich persönlich und damit weiter für deine berufliche Zufriedenheit und Leistungsfähigkeit ist (Rohrschneider und Lorenz 2015, S. 13–19).

Um deine Zielsetzung zu definieren, beantworte die nachfolgenden Fragen für dich:

- Was stelle ich mir für meine private Zukunft in drei Jahren vor?
- Was stelle ich mir für meine berufliche Zukunft in drei Jahren vor?

- Was stelle ich mir für meine private Zukunft in fünf Jahren vor?
- Was stelle ich mir für meine berufliche Zukunft in fünf Jahren vor?
- Was stelle ich mir für meine private Zukunft in zehn Jahren vor?
- Was stelle ich mir für meine berufliche Zukunft in zehn Jahren vor?
- Was will ich in drei Jahren verwirklicht haben?
- Welche Rolle möchte ich in drei Jahren spielen?
- Wie soll meine Umgebung in drei Jahren aussehen?
- Von welchen Personen möchte ich in drei Jahren umgeben sein?
- Welche Fähigkeiten möchte ich in drei Jahren besitzen?
- Meine Ziele für die nächste berufliche Station?

2.1.4 Arbeitsumfeld bestimmen

Der letzte Schritt in der Definition deiner Wunschposition(en) ist es, dir darüber Gedanken zu machen, in welchem Arbeitsumfeld du dich siehst. Einige Aspekte, die dir wichtig sind, kannst du schon anhand der Branche und Unternehmensgröße prüfen bzw. grob einschätzen. Da langfristige Zufriedenheit nur dann erreichbar ist, wenn von Beginn an die Weichen gestellt werden, ist es wichtig, sich das richtige Unternehmen und das richtige Umfeld auszusuchen. Was also für uns passt und was nicht, hängt von verschiedenen Faktoren ab. Bewerte also nun wie wichtig dir die folgenden Faktoren sind und wie sie konkret aussehen sollen:

- Unternehmenskultur
- Klima
- Führungsstil
- Zusammenarbeit mit Kolleg:innen
- Ort des Unternehmens
- Arbeitszeiten
- Sozialleistungen
- Arbeitsplatzausstattung
- Gehalt
- Weiterbildungsmöglichkeiten
- Möglichkeiten der internen Beförderung
- Grad der Selbstständigkeit

- Führungsverantwortung
- Fachverantwortung

Anhand deiner Überlegungen und deren Ergebnisse kannst du schon viel besser überprüfen, ob ein Arbeitgeber diese Kriterien erfüllt oder nicht. Nicht alles ist aus einer Stellenausschreibung zu erkennen, zumal hier natürlich auch geworben wird. Weitere Informationen gewinnst du im Verlauf des Bewerbungsprozesses, zum Beispiel über den Stil, wie Bewerbungen gehandhabt werden und wie mit Bewerber:innen umgegangen wird. Für dein Vorstellungsgespräch weißt du jetzt, bei welchen Aspekten du gründlich nachfragen solltest. Konzentriere dich dabei auf die Dinge, die dir wirklich wichtig sind (Rohrschneider und Lorenz 2015, S. 14). Eine wichtige Quelle dieser Informationen sind etwa Unternehmensleitbilder, in denen festgeschrieben steht, welche Werte und Herangehensweisen in dem Unternehmen als erstrebenswert gelten.

> Vernachlässige kleine und mittlere Unternehmen nicht in deinen Bewerbungsüberlegungen. Auch wenn der große Name fehlt: Sie bieten oft interessante Positionen mit hoher Verantwortung und die Chance, das eigene Können zu beweisen.

Betrachten wir kleine und mittelständische Unternehmen, ergeben sich die wesentlichen Unterschiede weniger aus ihrer Größe als vielmehr aus der Branche, der sie angehören. In den traditionellen Industrie- und Wirtschaftszweigen findest du oft Unternehmen mit klaren Strukturen und Regeln. Bei ihnen besteht die Möglichkeit, dass sie sich hinsichtlich Entscheidungsfreiraum, Verantwortungsbereich und Flexibilität von großen Unternehmen kaum unterscheiden. Grundsätzlich können Prozesse und Entscheidungen in kleineren Unternehmen aber häufig flexibler gehandhabt werden. In den jüngeren Industrie- und Wirtschaftszweigen sieht es oft anders aus. In den Branchen Informationstechnologie, Medien, Biotechnologie oder Telekommunikation sind die Strukturen oft nicht festgelegt oder sind noch im Entstehen. Hier wird das Tagesgeschäft durch schnellen Wandel und rasante Weiterentwicklung bestimmt. Auf der einen Seite bedeutet das, dass das Aufgabenspektrum größer sein kann, die Tätigkeiten schneller wechseln oder sich verändern können und Mitarbeiter:innen mehr Verantwortung und Selbstständigkeit übertragen werden. Auf der anderen Seite herrscht häufig viel Strukturlosigkeit und Durcheinander oder „kreatives Chaos" –das muss man mögen (Rohrschneider und Lorenz 2015, S. 16–17).

2.2   Finde deine Wunschposition(en)

Du weißt nun nach deiner inneren Arbeit und der Bestimmung deiner Zielsetzung sowie deines Wuncharbeitsumfeldes also ungefähr, nach welcher Stelle oder welchen Stellen du suchen möchtest.

Ein wichtiger Aspekt, der noch nicht besprochen wurde, ist in diesem Zusammenhang dein Selbstvertrauen. Denn dir Dinge zuzutrauen, ist die Basis einer jeden Bewerbung. Betrachten wir hierbei die Verhaltensweisen von Männern und Frauen ergibt sich leider aktuell noch ein Selbstbewusstseinsgap. Frauen haben aufgrund ihrer Sozialisation häufig ein weniger stark ausgeprägtes Selbstbewusstsein bzw. Selbstvertrauen im Vergleich zu ihren männlichen Kollegen. Dies zeigt sich schon in der Bewerbungsphase. Während Männer sich häufiger für Stellen bewerben, für die sie nicht alle Erfordernisse erfüllen, und dafür auch oft angestellt werden, bewerben sich Frauen erst dann für Stellen, wenn sie auch wirklich alle Anforderungen erfüllen. Dabei ist es wichtig zu wissen, dass es sich bei diesen Anforderungsprofilen um die Wünsche von Unternehmen handelt, die sie vorab definiert haben. Oft wissen diese Unternehmen jedoch selbst nicht genau, welche Qualifikationen darüber hinaus noch für die Stelle passen. Wenn du also eine Stelle findest, die dich reizt, bei der du aber nicht alle Anforderungen erfüllst: bewirb dich trotzdem! Oft ergibt sich im Bewerbungsprozess eine Anpassung der ausgeschriebenen Stelle oder es tut sich sogar noch eine weitere, passendere auf. Verlieren kannst du dabei nicht, im schlechtesten Fall hast du dann geübt, dich zu bewerben und kannst deine Learnings für die nächste Bewerbung mitnehmen.

Auch wenn du nicht alle Anforderungen der Stelle erfüllst: Bewirb dich! Es kann immer sein, dass die Stelle dennoch mit dir besetzt wird, wenn dein Potenzial erkannt wird.

Wenn es ein Wunschunternehmen gibt, in dem du unbedingt arbeiten möchtest, empfiehlt es sich, direkt auf dessen Website nach offenen Stellen zu suchen. Die meisten größeren Unternehmen haben eine Sektion „Karriere" oder „Jobs" auf ihrer Website, wo du die ausgeschriebenen Stellen findest. Welche Möglichkeiten du darüber hinaus hast, wird nun näher beschrieben.

Zeige Mut, Offenheit und Flexibilität bei deiner Stellensuche. Auch wenn sich eine Stellenausschreibung auf den ersten Blick unpassend anhört, vielleicht kommt sie ja doch in Frage.

2.2.1 Initiativbewerbung

Solltest du nun ein Wunschunternehmen definiert haben, das nicht die passende Stelle für dich ausgeschrieben hat, empfiehlt es sich, eine Initiativbewerbung zu senden. Dies muss nicht bedeuten, dass die passende Position momentan zu besetzen ist, aber du hast trotzdem hohe Einstellungschancen, wenn deine Bewerbung zum richtigen Zeitpunkt am richtigen Platz aufliegt (Feichtner und Dietzel 2019, S. 56).

Obwohl Initiativbewerbungen eine hohe Frustrationstoleranz bei dir als Bewerber:in voraussetzen – denn nicht immer ist eine passende Stelle zu besetzen – schätzen viele Personalentscheider:innen deine Eigeninitiative.

Für das Formulieren der Initiativbewerbung empfiehlt es sich herauszufinden, welche Erwartungen das Unternehmen insgesamt an Bewerber:innen stellt. Studiere dafür andere Stellenausschreibungen der Firma und greife eventuell wiederkehrende Anforderungen auf. Des Weiteren kannst du bei der relevanten Firma anrufen und erfragen, ob und wo Vakanzen bestehen. So kannst du auch gleich die Ansprechperson ausfindig machen, damit du dieser deine Unterlagen persönlich zusenden kannst. Habe dabei Geduld, denn Initiativbewerbungen dauern in der Regel länger. Wenn deine Bewerbung positiv ankommt, wird sie erst von den Fachabteilungen geprüft. Erst dann kann das Unternehmen entscheiden, ob du zum Vorstellungsgespräch eingeladen wirst (Feichtner und Dietzel 2019, S. 56).

2.2.2 Online-Jobplattformen in Österreich

Es gibt ein breites Spektrum an österreich-spezifischen Job-Plattformen am Markt, mit denen du umfangreiche Stellenangebote sichten kannst. Diese sind fachspezifisch oder fachübergreifend und regional bis international gegliedert. Nimm dir ausreichend Zeit, um die jeweiligen Plattformen kennenzulernen und zu bewerten, mit welchen du deine Suchen ausführen möchtest.

> Es lohnt sich oft, mehrere Plattformen gleichzeitig zu nutzen, um eine größere Auswahl an Stellenangeboten zu erhalten.

Hier sind einige der bekanntesten Plattformen in Österreich und Empfehlungen, wann du diese nutzen solltest:

1. **whatchado.com**
   Wann nutzen: Diese Plattform richtet sich an jüngere Menschen und Berufseinsteiger:innen, die sich inspirieren lassen möchten. Sie zeigt Interviews mit Fachkräften aus verschiedenen Branchen, um jungen Leuten eine Idee davon zu geben, welche Karrieremöglichkeiten es gibt.
2. **karriere.at**
   Wann nutzen: karriere.at ist eine der größten und bekanntesten Jobplattformen in Österreich. Sie eignet sich für eine breite Palette

von Berufen und Branchen, sowohl für Einsteiger:innen als auch für erfahrene Fachkräfte. Sie bietet viele Filtermöglichkeiten und einen Lebenslauf-Service.

3. **AMS eJob-Room: ams.at/allejobs**

Wann nutzen: Dies ist die offizielle Jobplattform des Arbeitsmarktservice (AMS) in Österreich. Sie eignet sich gut für alle, die Unterstützung durch das AMS erhalten oder von einer offiziellen Quelle vielfältige Stellenausschreibungen suchen möchten.

4. **hokify.at**

Wann nutzen: Diese Plattform ist besonders für mobile Jobsuche beliebt. Sie richtet sich auch an Menschen ohne akademische Ausbildung und ist benutzerfreundlich für schnelle Bewerbungen per Smartphone.

5. **jobs.derStandard.at**

Wann nutzen: Diese Website ist eine der größten Nachrichtenplattformen in Österreich, bietet jedoch auch eine Jobbörse. Die Jobbörse von derStandard.at eignet sich besonders für gut ausgebildete Fachkräfte, akademische Berufe, Positionen im öffentlichen Sektor sowie für Führungskräfte. Sie wird häufig von Menschen genutzt, die Stellen in den Bereichen Medien, Kultur, Wissenschaft, Technik, Bildung und öffentlicher Dienst suchen. Außerdem werden hier auch Jobs in Bereichen wie IT, Marketing und Verwaltung ausgeschrieben.

6. **jobs.at**

Wann nutzen: Eine kleinere Plattform, die vor allem regionale Jobs listet und sich gut für die lokale Jobsuche in verschiedenen Regionen Österreichs eignet.

7. **StepStone.at**

Wann nutzen: StepStone ist ideal für Fach- und Führungskräfte, insbesondere in den Bereichen IT, Ingenieurswesen, Finanzen und Marketing. Es gibt auch eine App und verschiedene Hilfsmittel, um den Bewerbungsprozess zu erleichtern.

8. **epunkt.com**

Wann nutzen: Diese Plattform ist spezialisiert auf IT- und Technikberufe. Wenn du in diesen Bereichen suchst, wirst du hier besonders viele relevante Stellenanzeigen finden.

2.2.3 Social Media nutzen

In der heutigen digitalen Welt spielt Social Media eine immer größere Rolle bei der Jobsuche. Plattformen wie LinkedIn, Instagram, Facebook und sogar X (ehemals Twitter) bieten nicht nur die Möglichkeit, sich mit Freund:innen und Kolleg:innen zu vernetzen, sondern auch Karrierechancen aktiv zu nutzen. Wer hierbei strategisch und gezielt vorgeht, kann durch Social Media wertvolle Kontakte knüpfen, auf offene Stellen aufmerksam werden und sich selbst als Marke positionieren. Im Folgenden wird dargestellt, wie die einzelnen Plattformen genutzt werden können:

1. LinkedIn: Die Business-Plattform gezielt nutzen
LinkedIn ist mit ca. 850 Mio. Nutzer:innen weltweit (LinkedIn 2024) deutlich relevanter als Xing mit etwa 22,5 Mio. Mitgliedern im deutschsprachigen Raum (Blog2Social 2024), deshalb wird nun nur auf diese Plattform eingegangen, die Schritte können jedoch bei Bedarf auch auf Xing umgesetzt werden. In deinem Online-Netzwerk bekommst du nicht nur neue Kontakte, es werden auch vielfältige Jobs auf diesen Plattformen geteilt, für die du dich direkt über diese bewerben kannst. Hier nun einige Schritte, um LinkedIn effektiv zu nutzen:

- Professionelles Profil: Dein LinkedIn-Profil ist deine digitale Visitenkarte. Achte darauf, dass dein Profilbild professionell ist (mehr dazu in Abschn. 2.3.2) und deine Berufserfahrung (falls bereits vorhanden) sowie deine Fähigkeiten klar und prägnant dargestellt werden. Ein gut geschriebener Lebenslauf und eine ansprechende Zusammenfassung sind entscheidend, um potenzielle Arbeitgeber zu beeindrucken.
- Netzwerk aufbauen: Verbinde dich mit Menschen aus deinem Umfeld, früheren (Ausbildungs-)Kolleg:innen und neuen Kontakten, die dir beruflich weiterhelfen können. LinkedIn zeigt dir regelmäßig Jobs und Kontakte, die zu deinen Interessen passen.
- Aktivität zeigen: Liken, teilen und kommentieren sind auf LinkedIn wichtige Aktivitäten. Sei aktiv in themenrelevanten Diskussionen, ver-

öffentliche idealerweise sogar eigene Beiträge über Entwicklungen in deinem Fachbereich und reagiere auf Beiträge von anderen. Dies erhöht deine Sichtbarkeit.

- Jobsuche und Bewerbung: LinkedIn bietet eine spezielle Jobsektion, in der du gezielt nach Stellen suchen kannst. Viele Unternehmen erlauben eine Bewerbung direkt über LinkedIn, wodurch du deine Chancen auf einen Job erhöhen kannst.

2. Instagram: Visuelle Präsenz für Kreative

Instagram wird oft übersehen, wenn es um die Jobsuche geht, aber besonders in kreativen Branchen (Design, Fotografie, Mode, Kunst) kann Instagram eine mächtige Plattform für Jobmöglichkeiten sein. Achte dabei auf die folgenden Aspekte:

- Visuelles Portfolio: Instagram eignet sich perfekt, um dein kreatives Portfolio zu präsentieren. Gestalte deinen Feed so, dass er dein Fachwissen und deine Fähigkeiten widerspiegelt. Nutze Stories oder Highlights, um eventuelle Projekte und Arbeitsproben zu zeigen.
- Netzwerken: Auch auf Instagram kannst du gezielt netzwerken. Folge Unternehmen, die du interessant findest, und trete mit ihnen in Kontakt. Kommentiere relevante Beiträge und baue dir so ein Netzwerk auf.
- Hashtags richtig nutzen: Verwende gezielte Hashtags wie #Jobsuche, #Karriere oder branchenspezifische Tags, um von Unternehmen oder Personalvermittlern entdeckt zu werden.
- Influencer-Marketing: Wenn du eine Nische gefunden hast und sogar eine Fangemeinde aufbaust, kannst du mit Marken kooperieren und möglicherweise sogar Jobangebote erhalten.

3. Facebook: Lokale Jobs und Gruppen

Facebook mag primär für private Kontakte genutzt werden, aber es bietet auch viele Möglichkeiten für die Jobsuche:

- Facebook-Gruppen: Es gibt zahlreiche Gruppen, die sich auf Jobs in spezifischen Branchen, Städten oder Nischen konzentrieren. Trete diesen Gruppen bei und bleibe aktiv, um auf offene Stellen oder wertvolle Kontakte aufmerksam zu werden.

- Job-Board: Facebook hat eine eigene Job-Sektion, in der Unternehmen ihre offenen Stellen ausschreiben. Hier kannst du dich direkt bewerben.
- Unternehmensseiten folgen: Viele Unternehmen posten ihre Stellenausschreibungen auf ihren Facebook-Seiten. Folge den Unternehmen, bei denen du gerne arbeiten würdest, um immer informiert zu sein.

4. X: Kurze Nachrichten, große Wirkung

X (ehemals Twitter) ist eine Plattform, die oft unterschätzt wird, aber sie kann besonders in Branchen wie Journalismus, PR, Marketing und IT äußerst nützlich sein. Durch die kontroverse Unternehmensführung von X gibt es hier jedoch einen Trend der Abwanderung der User:innen. Du solltest für dich überprüfen, ob eine Präsenz auf X für dich ethisch vertretbar ist. Wenn du dies möchtest, empfehlen sich die folgenden Schritte:

- Aktiv in der Community: Folge den führenden Expert:innen in deiner (Wunsch-)Branche und nimm an Diskussionen teil. X ist ideal, um kurze, aber relevante Einblicke zu geben und in Kontakt mit Vordenker:innen zu treten.
- Job-Posts im Auge behalten: Viele Unternehmen und Recruiter:innen tweeten über offene Stellen. Folge den richtigen Accounts und suche regelmäßig nach Hashtags wie #JobOpportunity oder #Hiring.
- Selbst posten: Nutze X, um deine eigenen Gedanken zu aktuellen Entwicklungen in deiner (Wunsch-)Branche zu teilen. Dies positioniert dich als jemand, der sich mit den Themen auskennt und steigert deine Reichweite.

5. TikTok: Kreativität trifft Karriere

TikTok ist vor allem bei jüngeren Nutzer:innen beliebt und bietet eine überraschend kreative Möglichkeit, sich selbst zu vermarkten. Dabei kannst du auf die folgenden Schritte achten:

- Kurze Bewerbungsvideos: Nutze TikTok, um in einem kreativen Format auf deine Talente und Fähigkeiten aufmerksam zu machen. Viele Unternehmen und Recruiter:innen achten auf innovative Bewerbungen, die auffallen.
- Karriere-Tipps teilen: Du kannst dein Wissen teilen, indem du Tipps zur Jobsuche gibst oder über deine eigenen Erfahrungen berichtest. Dadurch kannst du dich als Expert:in positionieren.

Social Media bietet eine Fülle von Möglichkeiten, wenn du es gezielt als Jobplattform nutzt. Der Schlüssel zum Erfolg ist eine professionelle und strategische Herangehensweise. Präsentiere dich authentisch, knüpfe wertvolle Kontakte und sei aktiv in relevanten Netzwerken. Besonders Plattformen wie LinkedIn, Instagram und Facebook können dir helfen, deine Karriere auf das nächste Level zu bringen – wenn du sie klug einsetzt.

2.2.4 Netzwerk aktivieren und nutzen

Als Berufseinsteiger:in kann es herausfordernd sein, den ersten Job zu finden – vor allem, wenn die Konkurrenz groß ist und die Berufserfahrung begrenzt ist. Doch dein persönliches Netzwerk kann ein entscheidender Vorteil sein. Kontakte zu ehemaligen Kolleg:innen, Freund:innen, Bekannten oder sogar Familienmitgliedern können dir Türen öffnen, von denen du vielleicht gar nicht wusstest, dass sie existieren. Die Frage ist: Wie aktivierst du dein Netzwerk erfolgreich, um deine Jobsuche voranzutreiben? Hier sind einige bewährte Schritte, um dein Netzwerk effektiv zu nutzen.

1. Dein Ziel klar kommunizieren
Bevor du dein Netzwerk aktivierst, solltest du genau wissen, was du suchst. Sei dir klar über deine Karriereziele, die Branche, in der du arbeiten möchtest, und die Art von Position, die dich interessiert. Das hilft deinen Kontakten, dir besser zu helfen und gezielt auf passende Möglichkeiten hinzuweisen.

Formuliere deine Suche präzise. Statt zu sagen: „Ich suche irgendeinen Job", kannst du sagen: „Ich suche eine Einstiegsposition im Marketing, idealerweise in einem Unternehmen mit Fokus auf digitale Kommunikation."

2. Finde heraus, wer dir helfen kann

Jede:r hat ein persönliches Netzwerk, auch wenn es auf den ersten Blick klein erscheint. Überlege, wen du kennst – ehemalige Lehrer:innen, Kommiliton:innen, Praktikumsbetreuer:innen, Freund:innen, Familienmitglieder oder sogar ehemalige Kolleg:innen. Diese Personen könnten wertvolle Informationen oder Kontakte für dich haben.

Gehe deine Social-Media-Kanäle durch und schau, mit wem du bereits vernetzt bist. Manchmal entdeckt man dabei Menschen, die man lange nicht mehr auf dem Schirm hatte.

3. Persönliche Kontaktaufnahme

Wenn du weißt, wer dir potenziell helfen könnte, scheue dich nicht, diese Personen direkt anzusprechen. Eine persönliche Nachricht oder auch ein Anruf zeigt, dass du engagiert und zielstrebig bist. Achte darauf, höflich, respektvoll und nicht aufdringlich zu sein.

Schreibe eine kurze, freundliche Nachricht, in der du erklärst, was du suchst und ob sie dir Tipps geben oder dich an jemanden weiterleiten könnten. Zum Beispiel: „Hallo [Name], ich hoffe, es geht dir gut. Ich bin gerade auf der Suche nach einer Einstiegsposition im Bereich [Branche]. Da du bereits in diesem Bereich tätig bist, wollte ich fragen, ob du mir vielleicht einen Rat geben oder eine Richtung empfehlen könntest?"

4. Nutze Social Media gezielt

Dieser Aspekt wurde bereits im letzten Unterkapitel beleuchtet, Details zu diesem Thema findest du also dort. Plattformen wie LinkedIn und Xing sind jedenfalls ideal, um dein Netzwerk zu aktivieren. Teile dort regelmäßig Updates zu deiner Jobsuche und nutze die Möglichkeit, mit potenziellen Arbeitgebern in Kontakt zu treten.

> Poste einen professionellen Beitrag auf LinkedIn oder Xing, in dem du erwähnst, dass du nach einer bestimmten Position suchst. Zum Beispiel: „Liebe Kontakte, ich bin auf der Suche nach einer Einstiegsposition im Bereich [Branche]. Falls jemand eine Empfehlung hat oder jemanden kennt, der in diesem Bereich aktiv ist, freue ich mich über jede Hilfe oder Anregung."

5. Teilnahme an Netzwerk-Events

Netzwerken funktioniert auch außerhalb des Internets. Besuche lokale Karrieremessen, Branchenveranstaltungen oder Meetups, um persönlich in Kontakt mit Menschen zu treten. Das persönliche Gespräch hinterlässt oft einen bleibenden Eindruck.

> Nutze berufliche Events, um informelle Gespräche zu führen. Es muss nicht immer direkt um Jobangebote gehen. Ein freundliches Kennenlernen kann später zu einer Jobmöglichkeit führen.

Einen detaillierten Überblick zu relevanten Netzwerkveranstaltungen in Österreich (bzw. vor allem in Wien) findest du unter www.stepstone. at/Karriere-Bewerbungstipps/Karrieremessen/. Dabei gilt es vor allem die BeSt, Lange Nacht der Bewerbung, Lange Nacht der Unternehmen sowie die Career Calling als besonders relevant einzustufen:

* **BeSt:** Die BeSt ist seit Jahren die größte Messe für Beruf, Studium und Weiterbildung in Österreich. Sie versammelt alle wichtigen Institutionen aus den Bereichen Beruf, Studium und Weiterbildung

unter einem Dach. Darunter Universitäten und Fachhochschulen, Akademien und Kollegs, private Bildungsanbieter und Sprachschulen, Interessensvertretungen sowie Unternehmen, Ministerien und Behörden.

- **Lange Nacht der Bewerbung:** Die Lange Nacht der Bewerbung bringt Bewerber:innen und Unternehmen zusammen – für einen unvergesslichen Abend voller Job-Möglichkeiten. Es gibt die Möglichkeit zu Gesprächen, eine Live-Keynote mit der Gründerin der Veranstaltung Doria, individuelle Coachings und entspannte Momente in der Shiatsu- und Beauty-Corner.

- **Lange Nacht der Unternehmen:** Bei der Langen Nacht der Unternehmen kannst du Arbeitgeber authentisch kennenlernen. Du besuchst die Büros oder Firmenstandorte und kannst zwischen unterschiedlichen Lines wählen. Per Shuttle wirst du direkt zu den verschiedenen Arbeitgebern gebracht. Und anschließend geht's zum After-Event-Clubbing im Volksgarten.

- **Career Calling:** Auf der Career Calling, der Messe für deine Karriere, erwarten Student:innen und Absolvent:innen Arbeitgeber aus allen Branchen – vom Start-up bis zum Konzern – und jede Menge Jobs – vom Praktikum bis zum Einstiegsjob. Egal ob KMU oder multinationaler Konzern – auf einer der größten Karrieremessen Österreichs können Firmenkontakte geknüpft werden und zahlreiche Messe-Extras in Anspruch genommen werden (Stepstone 2025).

6. Biete selbst Hilfe an

Netzwerken ist keine Einbahnstraße. Auch wenn du als Berufseinsteiger:in vielleicht denkst, du hättest nicht viel anzubieten, kannst du anderen mit deinen Talenten oder Verbindungen weiterhelfen. Das kann Sympathie wecken und die Bereitschaft, dir bei deiner Suche zu helfen, fördern.

> Frage deine Kontakte nicht nur nach Hilfe, sondern überlege auch, wie du im Gegenzug Unterstützung bieten kannst. Vielleicht kennst du jemanden, der oder die eine bestimmte Expertise sucht, oder kannst mit deinen digitalen Kenntnissen helfen.

7. Dranbleiben und regelmäßig nachfassen

Manchmal führt die erste Kontaktaufnahme nicht direkt zum Erfolg. Das bedeutet jedoch nicht, dass du die Suche aufgeben solltest. Sei geduldig und halte den Kontakt aufrecht. Es ist wichtig, dein Netzwerk nicht nur für einen einmaligen Zweck zu nutzen, sondern langfristig zu pflegen.

> Wenn du von einem Kontakt wertvolle Informationen oder Empfehlungen erhalten hast, bedanke dich und halte sie über deinen Fortschritt auf dem Laufenden. Du könntest schreiben: „Vielen Dank nochmals für deine Tipps. Ich habe mich bei [Unternehmen] beworben und hoffe, dass es klappt. Ich halte dich auf dem Laufenden."

Als Berufseinsteiger:in ist dein Netzwerk ein unschätzbares Kapital auf dem Weg zum ersten Job. Indem du gezielt Kontakte ansprichst, klar kommunizierst, was du suchst, und bereit bist, auch selbst Hilfe anzubieten, kannst du wertvolle Türen öffnen. Nutze persönliche Gespräche, Social Media und Veranstaltungen, um dein Netzwerk zu aktivieren, und pflege deine Kontakte langfristig. Mit der richtigen Strategie und einer Portion Geduld kannst du über dein Netzwerk einen Job finden, der deinen Vorstellungen entspricht.

2.3   Erstelle deine Bewerbungsunterlagen

Wunderbar! Nun, wo du deine Wunschposition(en) identifiziert und gefunden hast, kannst du mit dem Erstellen deiner Bewerbungsunterlagen starten. Worauf es bei Bewerbungsunterlagen in Österreich ankommt, wird im Folgenden beleuchtet.

Umfassende Informationen und aktuelle Vorlagen findest du auf den folgenden Seiten mithilfe von Schlagwörtern (wie Bewerbung, Lebenslauf bzw. CV, oder Zeugnisse) in der Suchfunktion:

- ams.at
- oesterreich.gv.at
- arbeiterkammer.at
- karriere.at

2.3.1 Analyse der Stellenausschreibung

„Die nächste Bewerbung, und die nächste und die nächste … und ich bekomme keine Einladung zum Interview! Nicht einmal eine Absage auf meine letzte Bewerbung habe ich erhalten, ich bin echt frustriert!" Dieses Gefühl der Ablehnung kennen leider viele Berufseinsteiger:innen. Damit dir das nicht (oft) passiert, empfiehlt es sich, deine Bewerbungsunterlagen strategisch durchdacht zu erstellen.

Noch bevor du an die tatsächliche Erstellung deiner Unterlagen gehst, solltest du die ausgewählte(n) Stellenausschreibung(en) gründlich analysieren. Denn dein Ziel ist es nun, deine Unterlagen optimal auf die ausgeschriebene(n) Stelle(n) für die du dich bewerben möchtest, anzupassen. Ein Bewerbungsverfahren kann mit einem Tennismatch verglichen werden. Du musst trainieren, um richtig gut darin zu werden und du brauchst Ausdauer. Jede:r hat mal den Aufschlag zum Spiel – einmal das Unternehmen, das eine Jobausschreibung veröffentlicht. Dann bist du am Zug: Du bereitest eine passgenaue Bewerbung für den ausgeschriebenen Job vor. Du sorgst also dafür, dass deine dafür relevanten Skills, Kompetenzen und Erfahrungen im bestmöglichen Licht und Kontext strahlen.

Wer wird gesucht? Welche Aufgaben und Tätigkeiten werden beschrieben? Welche Ausbildung und Vorqualifikationen erwartet man? In jeder Ausschreibung findest du die wichtigsten Infos, die dir einen Überblick geben: Jobtitel und Position, das Aufgabengebiet, der Arbeitsbeginn, ob die Anstellung befristet oder unbefristet ist, flexible Dienstzeiten und Homeoffice, Extra-Goodies wie Bildungsprogramme oder die Kantine.

Dabei empfiehlt es sich vor allem zu checken, was du mitbringen solltest. Markiere dazu alle Muss-Kriterien. Formulierungen wie „Wir erwarten …", „Voraussetzung ist …" und „unbedingt erforderlich" beschreiben
diese Anforderungen. Vergleiche, was du aus deinen eventuellen Vorqualifikationen, deinen Erfahrungen und deiner Ausbildung heraus erfüllst. Darüber hinaus gibt es in Stellenanzeigen Kann-Kriterien, die sich
hinter Formulierungen wie „Wir wünschen uns …", „… zusätzlich bringen Sie … mit" und „Ideal ist …" oder Ähnlichem verbergen. Das sind
die Nice-to-haves, aber nicht Bedingung für den Job (das können spezielle Skills oder Zertifikate sein) (Uniport 2025c). Lass dich also wie bereits im letzten Kapitel festgehalten, bitte davon nicht entmutigen und
bewirb dich auch wenn du nicht alle Kriterien erfüllst – die Ergebnisse
könnten dich überraschen!

2.3.2 Lebenslauf

Der Lebenslauf (auch bekannt als Curriculum Vitae, oder CV) ist deine
Visitenkarte, darum widmen ihm Personalabteilungen besondere Aufmerksamkeit. Denn er enthält, kurz und übersichtlich zusammengefasst,
die überzeugendsten Argumente für dich: deine Ausbildung, deine bisherigen Berufserfahrungen, deine fachlichen und persönlichen Kompetenzen und deine besonderen Stärken.

Die **Elemente**, die ein Lebenslauf beinhalten sollte, sind:

1. **Informationen über dich**

- Vor- und Zuname
- Kontaktmöglichkeit: Postanschrift, Telefonnummer, E-Mail-Adresse
- Persönliche Daten wie Geburtsdatum, Geburtsort, Familienstand
  und Staatsangehörigkeit können im Lebenslauf angegeben werden,
  müssen aber nicht. Es ist deine persönliche Entscheidung, wie viel
  du offenlegen möchtest.

2. Foto

International betrachtet geht der Trend weg von Fotos auf dem CV, da so Diskriminierung eher eingeschränkt werden kann. In Österreich ist ein Foto nach wie vor üblich bis erwünscht, aber nicht verpflichtend. Entscheidest du dich für ein Foto, lohnt sich die Investition in ein professionelles Bewerbungsfoto. Das Foto zeigt dich am besten lächelnd im Halbportrait, mit sanften Hintergrundfarben (AMS Österreich 2024a). Um ein größeres Bild zur „Kontroverse" Foto am CV zu zeichnen, habe ich verschiedene österreichische HR-Expertinnen zu dieser Frage interviewt:

Tipps von Expertinnen

* **Martina Auer-Klass, Head of Group Human Resources bei PORR AG:** „Der Megatrend der Individualisierung inspiriert meine Empfehlung. Jede:r sollte sich die Freiheit nehmen selbst zu entscheiden, dabei sollte allerdings die kulturelle Praxis berücksichtigt werden. Wenn man sich für ein Foto entscheidet, ist jedenfalls wichtig, dass es professionell und aktuell ist."
* **Christine Donati, HR Business Partner bei Deloitte Österreich**, meint dazu: „In Österreich ist es oft noch üblich, ein Foto in den Lebenslauf aufzunehmen und viele Unternehmen schätzen dies, da es einen persönlichen Eindruck vermittelt. Gleichzeitig braucht es die Erkenntnis, dass Fotos auch unbewusste Vorurteile begünstigen können. Für uns stehen die Qualifikationen und Erfahrungen im Vordergrund. Wer sich wohler fühlt, den Lebenslauf ohne Foto einzureichen, sollte dies ohne Bedenken tun können. Viel wichtiger als die Optik ist eine klare und gut strukturierte Darstellung der Fähigkeiten und Erfolge."
* **Elena Neumann, HR Business Partnerin, Raben Logistics Austria GmbH**: „In Österreich sind Bewerbungsfotos im Lebenslauf besonders in traditionellen und kundenorientierten Branchen üblich. Ein professionelles Foto kann den ersten Eindruck positiv beeinflussen, wenn es hochwertig, mit neutralem Hintergrund und passender

Kleidung gestaltet ist. Allerdings birgt ein Foto auch Risiken, wie Diskriminierung durch unbewusste Vorurteile. Studien zeigen, dass attraktive Personen oft bevorzugt werden. Insgesamt kann ein gut gewähltes Foto die Bewerbung stärken, aber ein unpassendes Foto schadet eher. Der Fokus sollte jedoch auf den Qualifikationen und Erfahrungen liegen, da diese für Recruiter:innen entscheidend sind."

- **Victoria Baumgärnter, Recruitment Specialist bei Zurich Versicherung Österreich**, meint dazu: „Ein Foto ist kein Muss. Wenn man ein seriöses hat, kann es gerne verwenden, es ist aber eher irrelevant, weil man sich im besten Fall immer noch ein persönliches Bild machen kann. Für uns ist es viel wichtiger, wie der CV aussieht, dass er ein ordentliches Format hat und nicht als Word, sondern PDF gesendet wird."

3. Aus- und Weiterbildung

Hier sind alle deine Aus- und Weiterbildungen anzuführen, die für die Stelle, auf die du dich bewirbst, relevant sind. Dazu zählen etwa Abschlüsse, Zertifikate, Projekte und Auslandspraktika, aber auch Zusatzausbildungen, Schulungen, Seminare, Kurse. Bei deinem Abschluss kannst du auch den Titel deiner Abschlussarbeit ergänzen. Gib den Zeitraum, Veranstalter und Abschluss der Aus- oder Weiterbildungen an. In der Reihenfolge der Aufzählung wird die aktuellste Station zuerst angeführt, die Aufzählung erfolgt also antichronologisch.

> Wenn du später mal schon mehr Berufserfahrung hast, wird die Reihenfolge umgedreht und du berichtest zuerst über deine Berufserfahrungen und dann erst über deine Aus- und Weiterbildung.

4. Berufserfahrung

An der Berufserfahrung besteht in der Regel besonders großes Interesse. Triff hier (falls bereits vorhanden) eine Auswahl aller beruflichen Erfahrungen, die für deine aktuelle Jobsuche relevant sind. Beschreibe, welche Tätigkeiten du konkret durchgeführt hast, welche Kompetenzen du in dem Beruf erworben hast und welche Aufgaben du mit Erfolg erledigt hast. In der Reihenfolge der Aufzählung wird das aktuellste Arbeitsverhältnis zuerst angeführt, die Aufzählung erfolgt also antichronologisch. Dabei solltest du die folgenden Details anführen:

- Deine bisherigen Arbeitgeber (Name der Firma, Branche und evtl. Größe des Unternehmens)
- Deine genaue Position beziehungsweise Tätigkeit
- Die Dauer der Tätigkeit (monatsgenau)
- Deine Arbeits- und Verantwortungsbereiche
- Deine herausragenden Stärken und Erfolge am jeweiligen Arbeitsplatz

Außerdem wichtig Führe auch Karenzzeiten, Auslandsaufenthalte, geleistete Präsenzdienst (bei männlichen Bewerbern) und Praktikumszeiten an, wenn sie für die Bewerbung wichtig sind oder bei Nicht-Erwähnung Lücken im Lebenslauf entstehen. Falls dein Lebenslauf trotzdem Lücken hat, solltest du diese beim Bewerbungsgespräch erklären können.

5. Kenntnisse und Fähigkeiten

Liste deine Qualifikationen und besonderen Fähigkeiten auf, die zu deiner gewünschten Stelle passen, wie beispielsweise:

- IT-Kenntnisse: z. B. Bildbearbeitung, Präsentationsprogramm, Programmiertätigkeit, Social Media, CRM Software oder SAP. Gib jeweils auch dein Erfahrungsniveau an. Falls vorhanden, führe Zertifikate an.
- Sprachliche Kenntnisse: Gib diese nach dem gemeinsamen europäischen Referenzrahmen für Sprachen (GER) an:

A1: Anfänger:in
A2: grundlegende Kenntnisse
B1: fortgeschrittene Sprachverwendung
B2: selbstständige Sprachverwendung
C1: fachkundige Sprachverwendung
C2: annähernd muttersprachliche Kenntnisse

- Führerscheine
- Spezifische fachliche Kompetenzen: Zur zukünftigen Stelle passende Kompetenzen, die du in deiner bisherigen beruflichen Tätigkeit erworben hast und über die nicht alle verfügen. Referenzen einer früheren Arbeitsstelle sind ebenfalls wichtig und sollten erwähnt werden.

6. Soft Skills, freiwilliges Engagement und Hobbys

Zuletzt kannst du noch auf deine Soft Skills eingehen. Das sind persönliche Eigenschaften und Fähigkeiten. Konzentriere dich auf Soft Skills, die für den zukünftigen Beruf wichtig sind:

- Sozialkompetenz wie z. B. Teamfähigkeit und Kommunikationsfähigkeit
- Methodenkompetenzen wie z. B. Organisationstalent und problemlösendes Denken
- Persönlichkeitskompetenzen wie z. B. Belastbarkeit und Einsatzbereitschaft

7. Ort, Datum und Unterschrift

Falls Ort, Datum und Unterschrift nicht bereits im Bewerbungsschreiben angeführt wurden, ist es ratsam, dies im Lebenslauf unterzubringen.

Außerdem ist es wichtig, auf die passende **Gestaltung** des Lebenslaufes zu achten. Das österreichische Arbeitsamt empfiehlt den tabellarischen Lebenslauf, der auch als klassischer Lebenslauf bezeichnet wird. Wegen der klaren Struktur ist er sehr übersichtlich und kann von Personalverantwortlichen rasch begutachtet werden. Es gibt jedoch noch die beiden anderen Varianten, moderner und kreativer Lebenslauf. Welcher Lebenslauf der richtige für dich ist, hängt von der ausgeschriebenen Stelle sowie der Branche ab, auf die du dich bewirbst:

- Der tabellarische Lebenslauf ist übersichtlich, strukturiert und schlicht im Design. Im oberen Bereich finden sich das Foto und die persönlichen Daten. Es folgen der berufliche Werdegang sowie die Ausbildungen und Praktika jeweils in umgekehrter chronologischer Reihenfolge (das Aktuellste zuerst), danach die Qualifikationen,

Kenntnisse und Fähigkeiten. Zuletzt werden die persönlichen Interessen erwähnt. Diese Form der Bewerbung eignet sich für fast alle Jobsuchenden.

- Der moderne Lebenslauf bietet in erster Linie mehr Freiheiten hinsichtlich des Designs. Durch den individuellen Gestaltungsfreiraum kannst du dem Dokument einen persönlichen Touch verleihen, z. B. durch den gezielten Einsatz von Farben. Die Berufserfahrung sowie die absolvierte Ausbildung werden auch bei der modernen Variante in tabellarischer Form angeführt. Die gesamten Informationen finden auf einer A4-Seite Platz, sind aber dennoch übersichtlich und strukturiert dargestellt. Diese Form des Lebenslaufs bietet sich sowohl für Berufseinsteiger:innen als auch für Führungskräfte an.
- Der kreative Lebenslauf besticht durch Grafiken und persönliche Gestaltungsfreiheit kompakt auf einer A4-Seite, wirkt aber möglicherweise dadurch etwas unübersichtlicher. Derartige Lebensläufe sind häufig bei Bewerbungen in der Kunstbranche, Kreativwirtschaft und als Grafiker:in gewünscht (AMS Österreich 2024a).

Falls du dir beim Erstellen deines Lebenslaufes Unterstützung wünschst: Es gibt schon vielfältige CV-Builder, die du online nutzen kannst, um deinen CV in deinem Wunschdesign zu erstellen.

2.3.3 Bewerbungsschreiben

Das Bewerbungsschreiben ist als dein Werbebrief in eigener Sache zu verstehen. Darin möchtest du dein Interesse an der Stelle zeigen und das Interesse für deine Person wecken. Das Ziel ist, dass du zum gewünschten Vorstellungsgespräch eingeladen wirst. Hervorzuheben ist in diesem Schreiben:

- Warum bewirbst gerade du dich für die offene Bewerbung?
- Welche Stärken und Kompetenzen hast du, die für die offene Position wichtig sind (AMS Österreich 2024a)?
- Was macht dich einzigartig und wie passt das zum Unternehmen (Schedlberger 2022)?

Der **Aufbau des Bewerbungsschreibens** ist immer gleich. Neben dem passenden Inhalt zur jeweiligen Stelle sollte es die folgenden Bestandteile enthalten:

- Deine eigenen Kontaktdaten (Namen, Adresse, Telefonnummer und E-Mail-Adresse)
- Den Namen des Unternehmens, samt Adresse
- Den Ort und das Datum deiner Bewerbung
- Einen kurzen und aussagekräftigen Betreff, der die Bezeichnung der Position aufweist
- Eine persönliche Anrede, um direkt die Person anzusprechen, die Ihr Bewerbungsschreiben erhält. Das ist normalerweise in der Ausschreibung ersichtlich.
- Den Bewerbungstext als Mittelpunkt des Schreibens
- Die Grußformel mit einer Signatur (Name und handschriftliche Unterschrift)
- Optional kannst du anführen, welche Anlagen du mitsendest

Doch wie soll der **Bewerbungstext** aussehen? Dafür empfiehlt sich die folgende Gliederung:

- Einleitung: In diesem Teil der Bewerbung möchtest du die/den Leser:in neugierig machen und Interesse an deiner Bewerbung wecken. Einen Bezug zum Unternehmen sowie zur Stellenanzeige herzustellen ist immer eine gute Möglichkeit für eine gelungene Einleitung.
- Hauptteil: Hier ist Platz für deine Berufserfahrungen, Kompetenzen und Fähigkeiten. Mit dieser Beschreibung möchtest du von dir überzeugen, deinen beruflichen Werdegang darstellen und zeigen, dass du die passende Person für die freie Stelle bist. Wichtig ist im Hauptteil, auch auf deine sozialen Kompetenzen einzugehen. Das sind jene Fähigkeiten, die dich persönlich ausmachen und sich im Umgang mit anderen Menschen zeigen.
- Schlussteil: Dieser Teil rundet dein Bewerbungsschreiben ab und gibt dir die Möglichkeit, zum Ausdruck zu bringen, dass du dich über ein persönliches Kennenlernen und ein Vorstellungsgespräch freust. Im

Schlussteil kannst du auch Gehaltsvorstellungen anführen, sofern diese in der Stellenanzeige verlangt werden.

Weitere Tipps für dein perfektes Bewerbungsschreiben
- Finde heraus, wer im Unternehmen für Bewerbungen zuständig ist. Eine persönliche Anrede zeigt, dass du dich mit der Bewerbung genau beschäftigt hast.
- Schreibe kurz – max. 1 DIN A4 Seite.
- Schreibe über deine konkreten Leistungen und Erfolge mit Belegen.
- Achte auf eine korrekte Schreibweise und übersichtliche Struktur.
- Gliedere den Hauptteil der Bewerbung in 3–4 Absätze.
- Hebe Wichtiges als Aufzählung hervor.
- Gehe auf deine fachlichen Kompetenzen und persönlichen Stärken (Soft Skills) ein, idealerweise besonders jene, die in Zusammenhang mit der ausgeschriebenen Stelle stehen.
- Schreibe sympathisch und persönlich (AMS Österreich 2024a).
- Sei kreativ und traue dich aus der Reihe zu tanzen. Nur so bleibst du der:m Personaler:in in Erinnerung (Chlebowski 2024).
- Solltest du dich unsicher fühlen, wenn es um Rechtschreibung und Grammatik geht, bitte eine Vertrauensperson, die hier ihre Stärken hat, sich deine Unterlagen gewissenhaft durchzusehen und dir Feedback zu geben. Alternativ kannst du auch KI-Dienste wie etwa Chat GPT nutzen, um hier eine Rückmeldung zu erhalten. Doch bitte achte darauf: beim Einsatz von KI liegt das letzte Wort immer noch bei dir! Übernimm also nichts gedankenlos. Mehr zu den Chancen und Herausforderungen von KI im Bewerbungsprozess wird in Abschn. 2.5 diskutiert.

2.3.4 Zeugnisse

Zuletzt gilt es, zu deiner Bewerbung deine relevanten Zeugnisse beizulegen. Wähle dazu also die Zeugnisse aus, die wichtige Stationen in deinem Lebenslauf belegen. Auf jeden Fall relevant sind:

- Zeugnis deines höchsten Abschlusses, z. B. Berufsschul- oder Matura-Zeugnis, Diplom-Zeugnis, Bachelor- oder Masterzeugnis
- Dienstzeugnisse (falls bereits welche vorhanden sind)
- Praktikumsnachweise oder -zeugnisse
- Zertifikate
- Zeugnisse relevanter Fachkurse oder Lehrgänge

Falls du deine Bewerbung per Post senden willst: schicke niemals Originale, sondern eine Kopie in guter Qualität. Bei elektronischem Versand der Bewerbung achte auch auf gute Qualität und darauf, dass die Datei nicht zu groß ist (max. 300 kB je Seite)(AMS Österreich 2024a).

Abschließend lässt sich festhalten, dass du deine Bewerbungsunterlagen in Ruhe, gut strukturiert und durchdacht erstellen solltest, um deine Chancen auf eine Einstellung zu erhöhen.

2.4 Bereite dich auf deine Bewerbungsgespräche vor

Großartig! Du hast nun also auch schon deine Bewerbungsunterlagen erstellt und an ein oder mehrere Unternehmen verschickt. Jetzt beginnt ein weiterer spannender Abschnitt im Bewerbungsprozess, denn nun gilt es im Bewerbungsgespräch und gegebenenfalls bei Einstellungstests zu brillieren. Außerdem wird diskutiert, was beim Dienstvertrag essenziell ist. Was es dabei zu beachten gilt, wird nun beleuchtet.

2.4.1 Vorbereitung auf das Vorstellungsgespräch

Um sich auf deine Vorstellungsgespräche gut vorzubereiten, ist es wichtig, dass du dir deiner sowie der Ziele deines Gegenübers im Klaren bist. Deine Ziele sind es, den ersten positiven Eindruck zu bestätigen, weiterführende Informationen über das Unternehmen, die Stelle sowie den Arbeitsbedingungen zu erhalten, deine Vorstellungen vom Unternehmen und der Stelle zu prüfen, Gehaltsvorstellungen abzugleichen und Feedback zu deiner Bewerbung zu erhalten. Die Ziele des Unternehmens sind es, Informationen und Eindrücke über dich zu vertiefen und zu prüfen, die Stelle klar zu beschreiben, um Fehlbesetzungen zu vermeiden, herauszufinden, ob du ins Team passt und auch Gehaltsvorstellungen abgleichen.

> Bleibe authentisch. Nur so findest du heraus, ob das Unternehmen auch wirklich zu dir passt.

Doch wie bereitest du dich nun konkret auf das Vorstellungsgespräch vor?

* Arbeite deine Bewerbungsunterlagen nochmals sorgfältig durch. Denn anhand dieser Unterlagen hat sich das Unternehmen ein Bild von dir gemacht und dich eingeladen. Nun will sich das Unternehmen im Gespräch von deinen Qualifikationen und Stärken überzeugen.
* Informiere dich genau über das Unternehmen. Besuche dafür die Website des Unternehmens und gehe sie gewissenhaft durch, frage in deinem Netzwerk, ob jemand bereits Erfahrung mit dem Unternehmen hat, und suche das Unternehmen auf watchado.com und kununu.com, hier erhältst du mitunter exklusive Einblicke von Mitarbeitenden.
* Überlege dir gute Antworten auf mögliche Fragen. So bleibst du im Gespräch gelassener und souveräner.
* Überlege dir Fragen, die du an das Unternehmen hast. Es vermittelt echtes Interesse, wenn auch deinerseits Fragen gestellt werden.
* Übe das Gespräch mit einer Vertrauensperson. Dies kann zu mehr Gelassenheit beim echten Vorstellungsgespräch führen (AMS Österreich 2024b).

Was du darüber hinaus direkt vor dem Vorstellungsgespräch machen kannst, um dich zu beruhigen und zu stärken? Du könntest eine oder mehrere Power Poses einnehmen – diese wirken wahre Wunder auf unsere Ausstrahlung sowie unser Körpergefühl. Dabei sind Power Poses Körperhaltungen, die Selbstbewusstsein und Stärke signalisieren. Diese Haltungen sollen laut der Forschung von Amy Cuddy und Kolleg:innen das Gefühl von Selbstsicherheit und innerer Stärke verstärken. Obwohl es wissenschaftliche Kontroversen darüber gibt, inwieweit Power Poses tatsächlich physiologische Effekte hervorrufen, können sie dennoch psychologische und soziale Vorteile haben, insbesondere wenn man sich unsicher oder nervös fühlt.

Beispiele für Power Poses:

1. **Die Siegerpose**: Aufrecht stehen, Brust nach vorne, die Arme in einer „V"-Form über dem Kopf ausstrecken, als hätte man gerade einen Sieg errungen.
2. **Die oder der Superheld:in**: Breiter Stand, Hände in die Hüften gestemmt, Brust heraus, Kopf hoch – ähnlich wie ein:e Superheld:in in Filmen dargestellt wird.
3. **Der Chefsessel**: Auf einem Stuhl sitzen, die Beine auseinander, die Arme locker auf die Armlehnen oder den Schreibtisch gelegt, um Raum einzunehmen.

Wichtig ist, dass Power Poses als ein unterstützendes Werkzeug eingesetzt werden und nicht als alleinige Lösung für Unsicherheiten dienen. Sie können das Selbstbewusstsein kurzfristig steigern, aber langfristig sollte man auch am inneren Selbstwertgefühl arbeiten. Wie das funktioniert, wurde im Abschn. 2.1.1 skizziert.

2.4.2 Vorstellungsgespräch

Üblicherweise läuft ein Vorstellungsgespräch wie folgt ab:

1. Begrüßung und Einleitung: Bedanke dich hier für die Einladung.
2. Selbstvorstellung: Erzähle über deine Motive, Ausbildung, berufliche Entwicklung und deine aktuelle Situation. Mehr Tipps zur Selbstvorstellung folgen gleich im Anschluss.
3. Unternehmensvorstellung und Stellenbeschreibung: Du erhältst Informationen zu Unternehmen und Stelle.
4. Deine Fragen ans Unternehmen: Du stellst Fragen, um etwaige Informationslücken für dich zu schließen.

5. Abschluss und weiteres Vorgehen: Du erhältst Informationen darüber, bis wann du mit einer Rückmeldung rechnen kannst (AMS Österreich 2024b).

Außerdem wirst du über dein äußeres Erscheinungsbild eingeschätzt und beurteilt, noch bevor du Gelegenheit hast, durch deine fachlichen Stärken zu überzeugen. Achte deshalb auf ein gepflegtes Erscheinungsbild und wähle deine Kleidung sorgfältig aus. Achte dabei darauf, dass die Kleidung zum zukünftigen Arbeitsplatz passt und du dich darin wirklich wohl fühlst (AMS Österreich 2024c).

Deine Selbstvorstellung: Was gilt es zu beachten?
Es kann sehr ungewohnt sein, über sich selbst zu sprechen. Gerade wenn wir gelernt haben, dass Bescheidenheit eine Tugend ist, fällt es schwer, von sich in den höchsten Tönen zu sprechen. Doch beim Vorstellungsgespräch ist das ein MUSS. Wenn etwa gefordert wird, dass du dich in nur drei Sätzen vorstellen sollst, in Anlehnung an einen sogenannten Elevator Pitch, solltest du dich auf die folgenden drei Punkte fokussieren:

- Wer bin ich? – Stelle deine Persönlichkeit und aktuelle Situation kurz vor und erkläre, warum du dich beworben hast und das Unternehmen zu dir passen könnte.
- Was mache ich? – Erkläre was du kannst und warum du dich für die ausgeschriebene Stelle besonders eignest. Nenne daher relevante Stationen deines Lebenslaufs, welche Fähigkeiten du dort erworben hast und untermauere das mit Beispielen und erfolgreich abgeschlossenen Projekten, falls bereits vorhanden.
- Wo will ich hin? – Sprich über deine Ziele im gefragten Job. Möchtest du etwa einzelne Tätigkeiten vertiefen oder dir neu aneignen? Dein künftiger Arbeitgeber möchte hier nicht nur wissen, warum du mit dem neuen Job deinem Ziel näherkommst, ihn interessiert auch, ob du ein:e langfristige:r Teamplayer:in bist.

Das erfordert natürlich, dass du deinen Lebenslauf und dein Motivationsschreiben im Vorhinein noch einmal sehr genau durchgehst und entscheidest, was genau du herausgreifen möchtest. Deine Vorstellung könnte dann in etwa so klingen: „Ich bin Maximiliane Muster, 31, und habe mir natürlich im Vorhinein Gedanken gemacht, warum Sie mich eingeladen haben. Ich gehe davon aus, dass es besonders drei Aspekte meines Lebenslaufs und Motivationsschreibens sind, die für mich sprechen: Während meines sechsmonatigen Praktikums bei der Agentur XX habe ich eigenständig Ads-Kampagnen mit einem Tagesbudget von bis zu 100 € betreut.

Außerdem habe ich bereits Erfahrung in der Kundenbetreuung durch meine Einblicke ins Key Accounting bei der Agentur YY vorzuweisen. Dass ich meine beiden Praktika parallel zu meinem Masterstudium absolviert habe und dieses dennoch in Mindeststudienzeit absolviert habe, belegt, wie zielstrebig und gut organisiert ich bin (Stepstone 2025b)."

Unerlaubte Fragen im Vorstellungsgespräch

Ein weiterer Punkt, der an dieser Stelle unbedingt diskutiert werden muss, ist die Tatsache, dass seitens des potenziellen Arbeitgebers Fragen existieren, die im Vorstellungsgespräch nicht zulässig sind. Diese musst du also keinesfalls beantworten. Wer sich mit unerlaubten Fragen bereits im Vorfeld beschäftigt, kann während des Vorstellungsgesprächs Ruhe bewahren und angemessen reagieren. Zu den verbotenen Themenbereichen zählen Fragen nach Schwangerschaft, Kindern, Familienstand, ethnischer Zugehörigkeit, Religion, Weltanschauung, Vorstrafen, Vermögen, Alter oder sexueller Orientierung. Die gesetzliche Grundlage dafür bietet das Gleichbehandlungsgesetz (GlBG). Laut diesem sind Fragen zu gewissen Themenbereichen diskriminierend und daher verboten. In Fällen von Diskriminierung im Bewerbungsprozess besteht ein Anspruch auf Schadensersatz. Im Folgenden wird skizziert, welche Themenbereiche aus welchem Grund verboten sind und wo es Ausnahmen gibt:

• Familienstand, Partnerschaft, Heirat, sexuelle Neigung: Diese Fragen sind unzulässig, da sie die Privatsphäre der oder des Bewerber:in verletzen und keinen Bezug zur beruflichen Qualifikation haben.
• Schwangerschaft und Familienplanung: Fragen zu diesen Themen werden meist nur Frauen gestellt und implizieren, dass sie im Arbeitsleben weniger verfügbar sind als Männer. Deshalb dürfen

Frauen eine Schwangerschaft beim Vorstellungsgespräch unter Umständen sogar leugnen, ohne dass Konsequenzen drohen. Eine Ausnahme gibt es jedoch: Sollte der Job für Schwangere nicht ohne Gefahr ausgeübt werden können (das kann beispielsweise bei körperlich anstrengenden Tätigkeiten der Fall sein, wie beim Heben schwerer Lasten), ist diese Frage zulässig.

- Krankheit oder Behinderung: Fragen zum Gesundheitszustand stellen eine Diskriminierung dar und sind damit verboten. Doch auch hier gibt es eine Ausnahme: Es müssen lediglich jene Krankheiten angeführt werden, die eine Gefahr für das Leben und die Gesundheit von Kolleg:innen oder Kund:innen bedeuten.
- Religion, Weltanschauung, Partei-, Gewerkschafts- oder Vereinszugehörigkeit: Diese Fragen sind irrelevant für die berufliche Qualifikation und können eine Benachteiligung aufgrund politischer oder gesellschaftlicher Ansichten bedeuten. Klare Ausnahmen sind beispielsweise Bewerbungen bei einer politischen Partei, Gewerkschaft oder einem religiösen Verein. In diesem Fall steht die Tätigkeit in direktem Zusammenhang mit Ihren persönlichen Anschauungen.
- Alter: Diskriminierungen aufgrund des Alters sind verboten. Daher sind auch Fragen zum Alter im Bewerbungsprozess nicht erlaubt.
- Ethnische Herkunft: Fragen zu deiner Herkunft und ethnischen Wurzeln sind unzulässig und eine Diskriminierung aufgrund der Hautfarbe ist verboten. Fragen nach der Muttersprache sind jedoch erlaubt.
- Vorstrafen: Fragen nach Vorstrafen betreffen das Privatleben und sind daher nicht erlaubt. Ausnahmen gibt es aber auch hier und zwar, sofern eine bestehende Vorstrafe relevant für den ausgeschriebenen Job ist. Hast du beispielsweise eine Vorstrafe wegen Veruntreuung und bewirbst dich um einen Job im Bereich Bankwesen oder Finanzierung, so steht die Vorstrafe im direkten Zusammenhang mit der offenen Stelle.
- Vermögen, Schulden, Umgang mit Geld: Dein privates Vermögen oder wie du mit Geld umgehst und wofür du es ausgibst, ist deine Privatsache. Handelt es sich bei der offenen Stelle um einen Job im Finanzbereich, dürfen Fragen zu diesem Themengebiet sehr wohl gestellt werden.

Jetzt wo du weißt, welche Fragen nicht gestellt werden dürfen, geht es darum, dir zu überlegen, wie du reagieren könntest, wenn dir solch eine Frage gestellt wird. Denn auch wenn dieser Fall eine Grenzüberschreitung darstellt, empfiehlt es sich, so ruhig und professionell wie möglich zu bleiben. Überlege dir kurz, ob die gestellte Frage unter die Ausnahmen fällt und damit in irgendeiner Form für die offene Stelle relevant sein könnte. Ist das nicht der Fall und die Frage hat mit der zu besetzenden Stelle nichts zu tun, hast du mehrere Möglichkeiten, wie du mit einer solchen Situation umgehen kannst:

- Du kannst die Beantwortung ablehnen.
- Du musst nicht wahrheitsgemäß antworten, sondern kannst auch lügen.
- Du kannst mit einer Gegenfrage antworten.
- Du kannst darauf hinweisen, dass es sich um eine unzulässige oder private Frage handelt.

Selbstverständlich kannst du, wenn du möchtest, eine unerlaubte Frage auch ehrlich beantworten, das ist ganz dir überlassen. Wie du mit einer unzulässigen Frage umgehst, wird vielfach auch damit zusammenhängen, ob du die Frage in dem Moment auch selbst als unangebracht und diskriminierend erachtest.

Weiters ist es in diesem Fall wichtig zu erwähnen, dass du aufgrund des Gleichbehandlungsgesetzes (GlBG) Anspruch auf Schadenersatz hast, falls ein Arbeitsverhältnis wegen Diskriminierung nicht zustande kommt, obwohl der oder die Bewerber:in bestens für die Stelle qualifiziert ist. Dazu gilt es folgendes zu beachten:

- Der Schadenersatzanspruch muss innerhalb von sechs Monaten nach der diskriminierenden Ablehnung einer Bewerbung bei Gericht oder bei der Gleichbehandlungskommission gestellt werden.
- Hättest du die Stelle erhalten, wenn der Bewerbungsprozess diskriminierungsfrei abgehalten worden wäre, stehen dir mindestens zwei Monatsentgelte zu.
- Für dich als Bewerber:in besteht eine erleichterte Beweislast. Durch diese Beweiserleichterung musst du lediglich glaubhaft machen, dass

du den Job aufgrund von Diskriminierung nicht erhalten hast. Dazu empfiehlt sich, detaillierte Aufzeichnungen des Diskriminierungsvorfalls zu machen. Notiere dir also folgendes:
- Name der betreffenden Person,
- Namen des Unternehmens,
- Namen der weiteren anwesenden Personen,
- Datum und Uhrzeit des Gesprächs.
- Eckdaten zum Vorstellungsgespräch sowie die Inhalte des diskriminierenden Gesprächsteils.
• Von geklagten Arbeitgebern wird im Gegenzug ein Nachweis eines anderen wahrscheinlicheren Grundes für die ungleiche Behandlung verlangt (AMS Österreich 2024d).

Gehaltsvorstellungen abklären

Ein weiterer Faktor des Vorstellungsgespräches ist die Besprechung des Gehaltes. Gerade Berufseinsteiger:innen trauen sich oft nicht, dieses Thema anzusprechen oder nehmen schon das erste Angebot des Unternehmens an, ohne zu verhandeln, aus Angst vor einer Absage. Manche Unternehmen möchten schon in der Bewerbung eine konkrete Zahl von dir hören. In diesem Fall recherchiere nach marktüblichen Gehältern für deine Position mit deiner Erfahrung und gib dann ein Brutto-Jahresgehalt an. Dein Gehalt setzt sich aus unterschiedlichen Faktoren zusammen, wie zum Beispiel deinem Abschluss oder der Fachrichtung deines Studiums. Aber auch die Branche, Unternehmensgröße und -standort spielen eine Rolle. Praktische Berufserfahrungen (falls bereits vorhanden) sind auch ein Faktor und ein gutes Argument bei Gehaltsverhandlungen – insbesondere dann, wenn sie facheinschlägig sind.

Es ist wichtig, dass du weißt, welchem Kollektivvertrag dein künftiges Arbeitsverhältnis unterliegt. Wirf vor dem Vorstellungsgespräch unbedingt einen Blick auf die Lohn- und Gehaltstafeln (diese findest du im Internet)! Hole dir auch Rat aus deinem privaten Umfeld und recherchiere im Internet. Im Durchschnitt verdienen Berufseinsteiger:innen mit akademischem Abschluss in Österreich zwischen 30.000 und 40.000 € brutto jährlich (Uniport 2025d).

Achtung: In Österreich wird das Gehalt gewöhnlich 14-mal im Jahr, üblicherweise im Juni und Dezember etwa doppelt, ausgezahlt.

Wenn die Frage nach den Gehaltsvorstellungen eher vage gehalten ist, antworte ebenfalls vage und verhandele das Gehalt sowie andere Benefits (wie Gleitzeit, mehr Urlaub (bei einer Vollzeitbeschäftigung stehen dir fünf Wochen im Jahr zu), Home Office, oder Dienstwagen) erst im Folgegespräch (AMS Österreich 2024b).

2.4.3 Einstellungstests

Insbesondere Konzerne und andere große Unternehmen, die oft eine Vielzahl an Bewerbungen für eine Stelle erhalten, verwenden Einstellungstests bzw. Assessment Centers, um den Personalauswahlprozess für sie zu erleichtern. Diese finden meist schon vor dem Vorstellungsgespräch statt, um eine Vorauswahl zu treffen. Sie werden in diesem Buch aber nach dem Vorstellungsgespräch behandelt, da man nicht immer Einstellungstests absolviert.

Je nach Unternehmen oder zu besetzender Stelle stehen bestimmte Fähigkeiten besonders im Fokus. Bewirbst du dich beispielsweise für eine Marketingposition, kommt es insbesondere auf Fähigkeiten wie Kreativität, Kommunikationsfähigkeit, analytisches Denken oder Präsentationsgeschick an. Bei einer Position im Bereich Vertrieb stehen voraussichtlich insbesondere wirtschaftliches Denken, Zahlenverständnis, Belastbarkeit oder Verhandlungsgeschick im Fokus.

Im Rahmen der Einstellungstests möchte die einstellende Firma mehr über dich erfahren, etwa wie viel Einfühlungsvermögen du besitzt oder welche Strategien zur Problemlösung du kennst und nutzt. Die Tests können also sehr unterschiedliche Skills ins Visier nehmen und auch Konzentrationsfähigkeit, Merkfähigkeit, Stressresistenz, Zeitmanagement, logisches Denken oder andere persönliche Kompetenzen messen. Auch Sprachkenntnisse, Textverständnis und Mathematikkenntnisse werden häufig getestet. Ein konkretes Feedback zu deinem Ergebnis erfolgt oft erst bei einem persönlichen Kennenlernen. Sofern das Unternehmen bereits direkt nach dem Test eine Rückmeldung gibt, erfolgt diese häufig standardisiert.

2.4.4 Arbeitsvertrag

Dieser Vertrag legt den Grundstein für deinen Einstieg in den Job. Im Folgenden erfährst du, worauf du bei deinem ersten Arbeitsvertrag achten solltest:

1. **Inhalte des Arbeitsvertrags**
   Ein Arbeitsvertrag kann schriftlich, mündlich oder durch schlüssiges Verhalten zustande kommen. Es ist jedenfalls ratsam, einen schriftlichen Vertrag abzuschließen, damit die wichtigsten Vereinbarungen klar nachvollziehbar sind. Diese umfassen:

   - Deine Arbeitsaufgaben: Für welche Tätigkeiten bist du verantwortlich? Deine zukünftigen Aufgaben sollten präzise beschrieben sein. Schwammige Formulierungen führen eher zu unklaren Verantwortlichkeiten und Überschneidungen von Arbeitsbereichen.
   - Deine Arbeitszeiten: Wie viele Stunden arbeitest du pro Woche? In Österreich sind derzeit eher 40 h pro Woche die Regel, aber in vielen Branchen gibt es durch Kollektivverträge abweichende Regelungen und einen starken Trend zur Stundenreduktion. Auch eine etwaige Teilzeitregelung sollte im Vertrag stehen.
   - Dein Gehalt: Wie hoch ist dein Gehalt und wann wird es ausbezahlt? Du vereinbarst das Bruttogehalt mit dem künftigen Arbeitgeber und allfällige Zusatzleistungen (Überstunden, Zeitausgleich, Prämien, …). Achtung bei sogenannten „All-In"-Verträgen, bei denen Überstunden oft bereits im Gehalt inkludiert sind.
   - Dein Urlaubsanspruch: In Österreich hast du bei einer 5-Tage-Woche Anspruch auf mindestens 25 Arbeitstage Urlaub pro Jahr (Uniport 2025e). Bei Teilzeit-Anstellungen ist er geringer, da er im Verhältnis zur Arbeitszeit steht, zur Veranschaulichung folgen zwei Beispiele:

Beispiel 1:

Eine Vollzeitkraft arbeitet 5 ganze Tage pro Woche. Sie hat Anspruch auf 5 × 5 = 25 Urlaubstage pro Jahr. Sie bekommt ihr Ganztags-Gehalt weiter bezahlt.

Eine Teilzeitkraft arbeitet ebenfalls an 5 Tagen pro Woche, aber jeweils nur den halben Tag.

Auch sie hat Anspruch auf 5 × 5 = 25 Urlaubstage im Jahr. Sie bekommt ihr Halbtags-Gehalt weiter bezahlt.

Beispiel 2:

Eine Teilzeitkraft arbeitet an 1 Tag pro Woche. Ihr Urlaubsanspruch beträgt 5 Wochen. In ihrem Fall sind das 1 × 5 = 5 Urlaubstage pro Jahr. Bei einer 2-Tage Woche sind es 2 × 5 = 10 Urlaubstage pro Jahr. Bei einer 3-Tage-Woche sind es 3 × 5 = 15 Urlaubstage pro Jahr. Bei einer 4-Tage-Woche sind es 4 × 5 = 20 Urlaubstage pro Jahr (BMAW 2025).

2. Probezeit

Zu Beginn des Arbeitsverhältnisses kann eine Probezeit vereinbart werden, die in Österreich maximal ein Monat beträgt. Während dieser Zeit kann das Arbeitsverhältnis von beiden Seiten ohne Angabe von Gründen und ohne Einhaltung von Kündigungsfristen aufgelöst werden. Die Probezeit erlaubt dir, den Job und das Unternehmen besser kennenzulernen, bevor du dich langfristig bindest.

3. Kollektivvertrag

In vielen Branchen gibt es Kollektivverträge, die Mindeststandards für Löhne, Arbeitszeiten und andere Arbeitsbedingungen festlegen. Diese Vereinbarungen gelten automatisch für dich, wenn dein Arbeitgeber an einen Kollektivvertrag gebunden ist. Es lohnt sich, den für deine Branche geltenden Kollektivvertrag zu kennen. Die aktuellen Werte findest du im Internet.

4. Sozialversicherung

Mit deinem Arbeitsvertrag bist du in Österreich automatisch sozialversichert, sofern du über der Geringfügigkeitsgrenze verdienst. Das bedeutet, du bist kranken-, unfall-, pensions- und arbeitslosenversichert. Die entsprechenden Beiträge werden direkt von deinem Bruttogehalt abgezogen und auf deinem Konto landet der Nettobetrag. Dein Arbeitgeber ist ebenfalls verpflichtet, Beiträge zu leisten.

5. **Vertragsprüfung**

Bevor du deinen ersten Arbeitsvertrag unterschreibst, solltest du alle Klauseln sorgfältig durchlesen. Manchmal verstecken sich in den Verträgen Klauseln, die für dich nachteilig sein könnten, wie z. B. Konkurrenzklauseln, die dich nach dem Ende des Arbeitsverhältnisses einschränken können. Im Zweifel lohnt es sich, den Vertrag von Expert:innen – beispielsweise der Arbeiterkammer – überprüfen zu lassen. Sie können dir helfen, Unklarheiten zu klären.

Mit diesen Tipps bist du gut gerüstet, um mit einem sicheren Gefühl formal in deine erste Anstellung zu starten (Uniport 2025e).

> Wenn du konkrete Fragen hast, oder dich tiefer mit dem Thema Arbeitsvertrag beschäftigen möchtest, empfiehlt sich der Besuch der Website der Arbeiterkammer. Unter dem Bereich Beratung – Arbeit und Recht – Arbeitsverträge findest du vielfältige und aktuelle Ressourcen zum Thema (Arbeiterkammer 2025a). Alternativ kannst du dich auch persönlich und kostenfrei von der Arbeiterkammer beraten lassen.

2.5 Umgang mit Absagen

Bislang haben wir nur den idealen, erfolgreichen Verlauf deiner Bewerbung diskutiert. Jetzt soll der Fokus auf dem Thema dein Umgang mit Absagen liegen. Denn besonders wenn du noch keine oder wenig Erfahrung vorweisen kannst, ist die Wahrscheinlichkeit, besonders bei sehr gefragten Stellen, eine Absage (oder gar keine Rückmeldung) zu erhalten leider hoch. Doch das bedeutet keinesfalls das Ende der Welt, es muss noch nicht einmal das Ende der Chance auf die Stelle bedeuten. Im Folgenden wird beleuchtet, welche Möglichkeiten du hast, um mit deinen Absagen umzugehen.

> Sieh eine Absage bitte keinesfalls als Ablehnung von dir als Person. Sieh sie doch lieber vielmehr als Lernchance.

2.5.1 Analyse der Absage

Der erste Schritt zu einem konstruktiven Umgang mit Absagen ist eine möglichst objektive Analyse sowie eine realistische Betrachtung der Absagegründe. Hol dir dafür im Zweifelsfall Feedback von deinem Umfeld, das die Situation mit etwas mehr Abstand betrachten kann. Schau dir gemeinsam mit ihnen deine Bewerbungsunterlagen, die Stellenanzeige und die Rückmeldung des Unternehmens an. Vergleiche deine Qualifikationen mit den Anforderungen der Stellenanzeige und zieh dann Rückschlüsse aus dem Feedback des Unternehmens. Hat die Stelle einfach nicht gepasst oder war deine Bewerbung vielleicht unvollständig? Kam die Absage nach einem Vorstellungsgespräch, sprich darüber, wie du die Situation im Vorstellungsgespräch erlebt hast.

Du kannst auch direkt beim Unternehmen höflich nach einer Einschätzung fragen. Deine Nachfrage sollte den Hinweis enthalten, dass du verstehst, wenn die Zahl der Bewerber:innen kein individuelles Feedback zulässt. Im besten Fall erhältst du dennoch eine Einschätzung deiner Bewerbung und Ablehnungsgründe.

Durch diese Reflexion kannst du gestärkt, mit mehr Erfahrung und den neuesten Erkenntnissen in die nächste Bewerbung gehen (Stepstone 2025).

2.5.2 Häufigste Gründe für Absagen

Es ist total natürlich, sich bei einer Absage zu fragen: „Woran hat es gelegen?" Oft hilft es, ein Verständnis für mögliche Gründe und typische Standardabsagen zu haben, um besser mit einer Absage umgehen zu können. Folgende Gründen können häufig hinter einer Absage stecken:

- Qualifizierte Konkurrenz: Der häufigste Grund ist die hoch qualifizierte Konkurrenz. Du bewirbst dich selten allein auf eine Stelle. Je höher die Zahl der Bewerber:innen ist, desto höher das Risiko einer Absage.
- Pro-forma-Stellenausschreibung: Bei einigen Stellenangeboten handelt es sich um interne Ausschreibungen, für die die Kandidat:innen

bereits feststehen. Als Bewerber:in kannst du das nicht wissen. Deine Bewerbung kann aber die Aufmerksamkeit der Personalabteilung auf dich lenken, sodass du eventuell ein anderes Angebot erhältst.

- Stelle gestrichen: In unglücklichen Fällen kann die Stelle im Rahmen einer Unternehmensumstrukturierung gestrichen worden sein, bevor deine Bewerbung noch in Betracht gezogen wurde.
- Gehaltsvorstellungen: Zu sehr voneinander abweichende Gehaltsvorstellungen können ebenfalls zur Absage führen.
- Die „Chemie" stimmt einfach nicht: Auch das Zwischenmenschliche muss passen. Ob in der schriftlichen Kommunikation oder im Vorstellungsgespräch – dein Auftreten hat großen Einfluss darauf, ob die Recruiter:innen Teamfähigkeit und andere Soft Skills in dir erkennen. Umso wichtiger sind eine optimale Selbstpräsentation und eine gut vorbereitete Antwort auf die Frage „Erzählen Sie etwas über sich" im Vorstellungsgespräch.
- Standardabsage: Besonders frustrierend sind standardisierte Absagen ohne nachvollziehbare Gründe. Vor allem, wenn auch auf Nachfrage keine Rückmeldung kommt. Aber genau mit solchen Absagen muss man umgehen lernen, weil sie im Bewerbungsprozess besonders häufig vorkommen (Vgl. Stepstone 2025).

2.5.3 Dein Umgang mit Absagen

Die Angst vor Ablehnung spielt grundsätzlich eine wichtige Rolle für unsere soziale Entwicklung. Sie verkörpert den Wunsch nach Zugehörigkeit und Selbstverwirklichung. Ebenso wie Kritikfähigkeit will auch der Umgang mit Absagen gelernt sein. Kaum jemand ist immun gegen das erste Gefühl der Enttäuschung, das eine Absage auslösen kann. Lass nicht zu, dass eine Ablehnung dein Selbstwertgefühl beeinträchtigt. Das beste Beispiel ist der amerikanische Bestseller-Autor Stephen King, der eine Manuskript-Absage nach der anderen erhielt. Statt aufzugeben, spießte er die Briefe an einem Nagel über seinem Schreibtisch auf – als Motivation und Antrieb. Versuche, dich auf das Positive zu konzentrieren: Du kannst aus dieser Erfahrung lernen und einen Job finden, der wirklich zu dir passt.

Die folgenden Tipps können dir helfen, neue Motivation zu finden:

- Nimm Absagen nicht persönlich: Ich weiß, leichter gesagt als getan! Doch ob Standardabsage oder eine gut begründete Ablehnung – keine Personalabteilung möchte dich persönlich angreifen oder abwerten. In den meisten Fällen bewirbst du dich mit vielen Mitbewerber:innen auf dieselbe Stelle. Mit deinem Bewerbungsfrust bist du nicht allein. Unternehmen wiederum sehen eine geballte Ladung an Talenten und Interesse, müssen sich jedoch für eine Person entscheiden. Ganz oft ist es keine Entscheidung GEGEN dich, sondern FÜR eine:n Mitbewerber:in.
- Betrachte deine Bewerbungsstrategie objektiv: Nach einer Analyse der Gründe oder einer ersten Feedbackschleife gilt es, deine Strategie zu überdenken. Zieh hierzu Tipps und Best Practices zu erfolgreichen Bewerbungsunterlagen und Vorstellungsgesprächen heran.
- Überstürze keine Entscheidungen: Du hattest bereits eine passende Stelle in Aussicht, hast sie aber nicht bekommen? Das heißt nicht, dass du dich umorientieren oder deine Karrierewünsche aufgeben musst. Auch nach mehreren Absagen solltest du einen kühlen Kopf bewahren und trotz Bewerbungsfrust an deine Kompetenzen glauben. Hartnäckigkeit, Durchhaltevermögen und Kritikfähigkeit sind drei Fähigkeiten, die du auf dem steinigen Bewerbungsweg üben und bei zukünftigen Vorstellungsgesprächen einsetzen kannst.
- Blicke über den Tellerrand: Deine Fähigkeiten und Qualifikationen müssen nicht ausschließlich auf eine bestimmte Jobkategorie oder eine konkrete Branche beschränkt bleiben. Suche nach alternativen ähnlichen Angeboten, die zu deinen Fähigkeiten passen, ohne dich auf einen Job oder eine Jobbezeichnung festzulegen. Du möchtest zum Beispiel als Social-Media-Manager:in in den Arbeitsmarkt eintreten, hast bereits etwas Erfahrung im Online-Marketing und bist ein wahres Organisationstalent? Wie wäre es, wenn du deine Suche auf das gesamte Online-Marketing ausweitest und deine Kenntnisse zum Beispiel ins Projektmanagement einbringst? „Think Big" ist hier das Motto – werde ruhig kreativ!
- Und wieder: Netzwerken: Bereits während des Bewerbungsprozesses ergeben sich Chancen auf neue Stellenangebote. Auch wenn deine

Bewerbung im Moment nicht erfolgreich war, hast du die Möglichkeit, in den Talentpool des Unternehmens aufgenommen und zu einem späteren Zeitpunkt kontaktiert zu werden. Bei einem persönlichen Bewerbungsgespräch kannst du zum Beispiel Kontakte knüpfen, die langfristig zum richtigen Job führen können. Sei also offen und interessiert bei jedem Schritt deiner Bewerbung.

• Bleib am Ball: Jede Bewerbung birgt das Risiko einer Absage. Denn sowohl du als auch das Unternehmen haben eine bestimmte Vorstellung von der ausgeschriebenen Stelle und ihrer Besetzung. Nimm Absagen nicht zu persönlich und lass dich nicht entmutigen. Bleib offen und höflich, lerne aus deinen Fehlern und nutze das Feedback, um deine Bewerbungsstrategie zu verbessern. In einigen Fällen kannst du dich sogar beim gleichen Unternehmen nochmal bewerben – manchmal lohnt sich sogar eine erneute Bewerbung auf die gleiche Stelle. Du siehst: Der Arbeitsmarkt ist so flexibel, wie du ihn sein lässt (Vgl. Stepstone 2025).

Was ich dir mit diesem Kapitel mitgeben möchte: Jeder Rückschlag ist ein Sprungbrett zum Erfolg. Lass dich bitte nicht unterkriegen und bleibe motiviert am Ball! Betrachte also Absagen als integralen Teil des Lernprozesses auf dem Weg zum Erfolg.

2.6   Einsatz von KI im Bewerbungsprozess

Kaum ein anderes Thema hat die Arbeitswelt in den letzten Jahren so stark verändert wie der rasante Fortschritt der Künstlichen Intelligenz (KI). Auch im Bewerbungsprozess hinterlässt diese Entwicklung deutliche Spuren: Vom automatisierten Screening von Lebensläufen über KI-generierte Bewerbungsschreiben bis hin zu Video-Interviews, die mithilfe von Algorithmen analysiert werden – künstliche Intelligenz ist längst keine Zukunftsvision mehr, sondern bereits ein Stück weit gelebte Realität.

In diesem Kapitel werden die verschiedenen Einsatzbereiche von KI im Bewerbungsprozess, inklusive der Chancen und Herausforderungen, dabei diskutiert. Dafür habe ich nicht nur selbst verschiedene KI-Tools getestet, sondern auch zwei Experten aus dem Bereich – Markus Hirz-berger, der Mitgründer von grizzly.jobs und Fabian Hemmerich, der Mit-gründer von mytalents.ai – befragt, um einen fundierten und differen-zierten Einblick zu geben.

2.6.1 Definition von KI

KI ist die Abkürzung für „Künstliche Intelligenz", die wiederum auch als „Artifizielle Intelligenz" (AI) bezeichnet wird. Es handelt sich bei KI um einen Bereich aus der IT, der sich mit dem maschinellen Lernen und der Automatisierung intelligenten Verhaltens befasst. Sie bezeichnet also Sys-teme oder Maschinen, die menschliche Intelligenz nachahmen und in der Lage sind, Aufgaben zu erledigen, die normalerweise menschliches Denken erfordern, wie z. B. Lernen, Problemlösen oder Muster-erkennung. KI nimmt auch bei der Digitalisierung einen hohen Stellen-wert ein. KI-Expert:innen beschäftigen sich nicht mehr nur mit der Tech-nik, auch ethische Fragen und Datenschutz sind hier Thema (IT Service Network 2025). Welche Tools sich konkret für welchen Einsatz empfeh-len, wird in 4.4 näher besprochen.

2.6.2 Fähigkeiten, die man für den Einsatz von KI entwickeln sollte

Unabhängig davon welches Tool du konkret wählst oder welchen Aspekt deines Bewerbungsprozesses du damit challengen möchtest, gibt es eine Reihe an Fähigkeiten, die du für den verantwortungsvollen Umgang mit KI kultivieren solltest (OMR 2024):

1. Kritisches Denken: Die Fähigkeit, KI-generierte Inhalte zu überprü-fen und anzupassen, ist entscheidend. Denn du trägst für die Richtigkeit der Daten die Letztverantwortung. Deshalb sollte man in der Lage sein, die Ergebnisse der KI kritisch zu hinterfragen und sicherzustellen, dass sie richtig, aktuell und relevant sind.
2. Prompt- bzw. Keyword-Optimierung: Bei der Recherche mit KI geht es stark darum klar und deutlich zu kommunizieren, denn nur so er-

hältst du die Ergebnisse, die du dir wünschst. Das Verständnis für die Bedeutung von Schlüsselwörtern in Stellenausschreibungen und die Fähigkeit, diese strategisch einzusetzen, ist also gefragt.

3. Technologieverständnis: Grundkenntnisse über KI-Tools und deren Anwendung im Bewerbungsprozess sind von Vorteil.

4. Soft Skills: Trotz des Fokus auf Hard Skills in KI-Systemen bleibt die Entwicklung von Soft Skills wie Empathie wichtig, da diese nicht durch KI zu ersetzen sind.

5. Ethisches Bewusstsein: Ein Verständnis für die ethischen Implikationen der KI-Nutzung, denn die KI ist so diskriminierend wie die Menschen, die sie trainiert haben. Behalte das im Hinterkopf und denke diesbezüglich mit.

6. Kontinuierliches Lernen: Die Bereitschaft, sich stetig weiterzubilden und mit den neuesten KI-Entwicklungen Schritt zu halten.

2.6.3 Chancen bei der Nutzung von KI im Bewerbungsprozess

Der Einsatz von KI ersetzt dich also nicht im Bewerbungsprozess, kann dich aber sehr wohl dabei punktuell unterstützen. Deshalb werden im Folgenden die möglichen Chancen von KI beleuchtet:

- Analyse von Stellenanzeigen: KI-Tools können bei der Analyse von Stellenanzeigen helfen, indem sie Schlüsselanforderungen herausarbeiten und die Bewerbung auf diese Anforderungen abstimmen, um deine Erfolgschancen zu maximieren.

- Optimieren von Bewerbungsunterlagen: KI-Tools können Lebensläufe und Anschreiben analysieren und optimieren, indem sie Formulierungen vorschlagen, Fehler korrigieren oder die Struktur verbessern. Sie können auch helfen, den Lebenslauf an bestimmte Stellenanzeigen anzupassen, indem sie passende Keywords hervorheben. Diese Funktion solltest du jedenfalls nutzen, da fehlerfreie Bewerbungsunterlagen Gold wert sind. Auch kannst du dein Bewerbungsfoto von KI-Tools optimieren lassen, was einen modernen Look ermöglicht.

- Vorbereitung auf Vorstellungsgespräche: KI-basierte Plattformen können simulierte Vorstellungsgespräche anbieten, bei denen Bewerber:innen typische Fragen üben und Feedback zur Körpersprache, Sprechweise oder den Antworten erhalten. Das kann ungemein hilfreich sein, da man so blinde Flecken aufdecken kann. Außerdem kannst du Unternehmensdaten recherchieren und dich somit nochmal besser auf dein Vorstellungsgespräch vorbereiten. Auch hier ist wieder Vorsicht geboten: die Daten müssen nicht mehr aktuell sein, challenge also deine Outcomes kritisch.
- Job-Matching: KI-gestützte Jobportale können anhand von Lebenslaufdaten, Interessen und Erfahrungen geeignete Stellen vorschlagen, die mit den Qualifikationen der Bewerber:innen übereinstimmen.
- Optimierung von Online-Profilen: KI-Tools analysieren LinkedIn-Profile oder andere berufliche Netzwerke und geben Empfehlungen, wie die Sichtbarkeit und Attraktivität des Profils für Arbeitgeber:innen gesteigert werden kann.
- Lernunterstützung: Durch KI-basierte Lernplattformen können Bewerber:innen spezifische Fähigkeiten oder Fachkenntnisse, die in ihrer Branche gefragt sind, gezielt weiterentwickeln, z. B. durch personalisierte Lernpläne. Diese sollten jedoch immer kritisch hinterfragt werden.
- Vermeidung von Bias: Durch KI-gesteuerte Tools können unbewusste Vorurteile, die die Bewerbungsunterlagen negativ beeinflussen könnten, erkannt und beseitigt werden.

2.6.4 Gefahren bei der Nutzung von KI im Bewerbungsprozess

Doch bei der Nutzung von KI im Bewerbungsprozess gibt es auch mehrere Gefahren, die du beachten solltest:

- Diskriminierung: Während die mögliche Vermeidung von Biases zu den Chancen zählt, gibt es dabei auch eine Schattenseite. KI-Systeme können unbeabsichtigt diskriminierend agieren, wenn sie auf voreingenommenen Daten oder Algorithmen basieren, was sie bis dato tun. Dies kann dazu führen, dass bestimmte Personengruppen systematisch benachteiligt werden.

- Datenschutzrisiken: Die Verarbeitung personenbezogener Daten durch KI-Systeme wirft datenschutzrechtliche Bedenken auf. Denn alles, was du von dir teilst, kann verarbeitet werden für künftige, ähnliche Anfragen.

- Fehlinterpretationen: KI-Systeme können Sprache und Kontext falsch interpretieren, was zu Missverständnissen und falschen Bewertungen von Bewerbungen führen kann.

- Veraltete Informationen: Da KI-Tools nicht darauf ausgerichtet sind, dir die aktuellsten Informationen, sondern die meisten Informationen auszuspielen, kann es passieren, dass deine Ergebnisse schon überholt sind.

- Mangelnde persönliche Einschätzung: KI-Tools fehlt die Fähigkeit, menschliche Interaktionen und Soft Skills adäquat zu bewerten, was zu einer unvollständigen Beurteilung der Kandidat:innen führen kann.

- Rechtliche Risiken für Arbeitgeber: Der unsachgemäße Einsatz von KI im Bewerbungsprozess kann zu Schadenersatzansprüchen und Imageschäden für Unternehmen führen.

- Mangelnde Transparenz: Bewerber:innen könnten sich unfair behandelt fühlen, wenn sie nicht ausreichend über den KI-Einsatz im Bewerbungsprozess informiert werden. Denn es ist oft unklar, welche Kriterien tatsächlich verwendet werden, um Entscheidungen zu treffen, und warum eine Bewerbung erfolgreich oder abgelehnt wird.

- Übermäßige Abhängigkeit von automatisierten Systemen: Wenn Bewerber:innen sich zu stark auf KI-basierte Tools verlassen, könnten sie persönliche Fähigkeiten und Eigeninitiative vernachlässigen. Bewerbungen sind oft auch Ausdruck der Persönlichkeit, die durch KI-optimierte Standardtexte nicht vollständig vermittelt werden kann. Eine zu starke Fokussierung auf Algorithmen kann auch zu einer Vereinheitlichung von Bewerbungen führen, was es schwieriger macht, sich von der Masse abzuheben.

Um diese Gefahren zu minimieren, solltest du KI-Tools kritisch und bewusst einsetzen. Es ist wichtig, sowohl die Stärken als auch die Schwächen dieser Technologien zu verstehen und sicherzustellen, dass die eigene Persönlichkeit und Einzigartigkeit im Bewerbungsprozess nicht verloren gehen. Es ist jedoch wichtig festzuhalten, dass KI-Tools deine Chancen im Bewerbungsprozess erhöhen können, wenn sie gut genutzt werden.

Abschließend lässt sich festhalten, dass du, um deine Bewerbung zu meistern, zuerst deine Wunschposition(en) selbstreflektiert definieren solltest. Danach gilt es, sich auf die präferierte(n) Art(en) zu bewerben und dabei mit durchdachten und übersichtlichen Bewerbungsunterlagen zu glänzen. Eine gute Vorbereitung auf mögliche Bewerbungsgespräche ist zusätzlich das Fundament deines Erfolges. Du kannst dabei deine Bewerbungsunterlagen außerdem mit KI-Tools optimieren. Genügend Zeit und Muße in diese Schritte zu stecken lohnt sich allemal, da du so deine Einstellungschancen erheblich verbessern kannst. Erst wenn du diese Punkte geklärt hast, empfiehlt es sich, sich mit deinem erfolgreichen Arbeitsantritt zu beschäftigen.

3

Meistere deinen Arbeitsantritt

Wunderbar! Nachdem es im vorherigen Kapitel darum ging, wie du deine Bewerbung meistern kannst, beschäftigen wir uns im nächsten Schritt damit, wie du dich von Beginn an bestmöglich auf deinen Arbeitsantritt vorbereiten kannst. Dabei geht es zuerst darum, was du für den ersten Tag bedenken solltest, dann wird diskutiert, was für die ersten Wochen relevant sein kann und zum Abschluss wird skizziert, was für das erste halbe Jahr wichtig zu beachten ist.

Denn in der Anfangszeit deines neuen Jobs solltest du dein Hauptaugenmerk darauf legen, dich am Arbeitsplatz zurechtzufinden, deine Kolleg:innen kennenzulernen und dich mit den wichtigsten Prozessen vertraut zu machen. Dein Ziel sollte es dabei sein, möglichst bald im „normalen" Betriebstempo deine Arbeitsaufgaben zu erledigen. Dabei ist es üblich, dass neuen Mitarbeiter:innen eine gewisse Zeit zum Eingewöhnen und Einlernen zugestanden wird. Diese Zeit solltest du unbedingt nutzen, um so viele Fragen wie möglich zu stellen, bis du wirklich alles Relevante verstanden hast. Am Anfang gibt es so etwas wie dumme Fragen nicht, denn auch deine Kolleg:innen und die oder der Vorgesetzte haben

I. Muche, *Erfolgreicher Einstieg in den österreichischen Arbeitsmarkt*, https://doi.org/10.1007/978-3-658-48941-0_3

ein Interesse daran, dass du möglichst schnell möglichst viel verstehst, um dann auch selbstständig arbeiten und sie unterstützen zu können (Schrammel 2022, S. 19).

3.1   Der erste Tag

So aufregend der erste Tag sein kann, so viel gilt es dabei auch zu beachten. Dieser Tag legt den Grundstein für deinen Eintritt ins Unternehmen und da möchtest du sicher einen guten Eindruck hinterlassen. Deshalb folgen nun wichtige Aspekte, die du für einen idealen Start in deine neue Position beachten solltest.

3.1.1 Erwartungsmanagement

Viele Berufseinsteiger:innen haben hohe Erwartungen an ihren neuen Job und an sich selbst. Sie wollen schnell erfolgreich sein, sofort den idealen Arbeitsstil finden und von Anfang an perfekt ins Team passen. Diese hohen Erwartungen können jedoch zu Frust und Enttäuschung führen, wenn die Realität nicht sofort mit den eigenen Vorstellungen übereinstimmt und wir nicht wissen, wie wir dort hinkommen. Gleichzeitig hat auch das Unternehmen gewisse Erwartungen an neue Mitarbeiter:innen, die nicht außer Acht gelassen werden sollten. Dieser Abschnitt zeigt dir, wie man ein gesundes Erwartungsmanagement betreibt, um einen erfolgreichen und möglichst stressfreien Start ins Berufsleben zu ermöglichen.

3.1.2 Realistische Erwartungen an dich selbst

Als Berufseinsteiger:in ist es natürlich, dass man sich hohe Ziele setzt und ambitioniert ist. Jedoch ist es wichtig, dabei realistisch zu bleiben. Niemand ist von Tag eins an perfekt oder hat sofort alle Fähigkeiten und Kenntnisse, die für den Job notwendig sind. Hier sind einige Tipps, wie du realistische Erwartungen an dich selbst setzt:

1. Zeit für das Lernen einplanen: Kein Job ist von Anfang an einfach. Es dauert, bis man alle Abläufe versteht, sich in neue Software einarbeitet und die Unternehmenskultur verinnerlicht. Gib dir die Zeit, dich einzuarbeiten, und erlaube dir, Fehler zu machen. Fehler sind Lernchancen.

2. Den eigenen Fortschritt beobachten: Setze dir kleinere, erreichbare Ziele, um deinen Fortschritt zu beobachten. Zum Beispiel, in den ersten drei Monaten die wichtigsten Aufgaben zu meistern oder dich mit deinem Team vertraut zu machen. Dadurch vermeidest du, dich von zu großen Zielen überwältigen zu lassen.

3. Selbstfürsorge nicht vergessen: Gerade am Anfang neigen viele dazu, sich in den Job zu stürzen und lange Stunden zu arbeiten. Achte darauf, dass du ein gesundes Gleichgewicht zwischen Arbeit und Freizeit findest. Überforderung führt langfristig zu Stress und Erschöpfung. Damit ist weder dir noch dem Unternehmen geholfen.

Erwartungen an den Job

Neben den Erwartungen an dich selbst spielen auch die Erwartungen an deinen neuen Job eine Rolle. Viele Berufseinsteiger:innen haben unrealistische Vorstellungen davon, wie schnell sie aufsteigen, Verantwortung übernehmen oder spannende Projekte leiten können. Um Frustration zu vermeiden, ist es hilfreich, folgende Punkte im Blick zu behalten:

1. Geduld mit dem Karriereaufstieg: Karrieren werden nicht über Nacht gemacht. Es dauert oft Jahre, bis man in Führungspositionen aufsteigt oder anspruchsvolle Projekte übernimmt. Setze dir realistische Karriereziele und sei geduldig.

2. Teamarbeit statt Einzelkämpfer:innenmentalität: Erfolg im Job hängt oft stark von der Zusammenarbeit mit anderen ab. Auch wenn du deine eigenen Ambitionen hast, wirst du nur erfolgreich sein, wenn du im Team gut zusammenarbeitest und von deinen Kolleg:innen lernst.

3. Routine akzeptieren: Nicht jeder Tag wird voller spannender Herausforderungen sein. Es wird auch Routineaufgaben geben, die erledigt werden müssen. Sie sind ein wichtiger Teil des Arbeitsalltags und gehören zu jedem Job dazu

Erwartungen des Unternehmens

Neben deinen eigenen Erwartungen hat auch das Unternehmen, für das du arbeitest, klare Vorstellungen davon, was ein neuer Mitarbeiter oder eine neue Mitarbeiterin leisten sollte. Diese Erwartungen solltest du kennen und berücksichtigen, um einen positiven Eindruck zu hinterlassen:

1. Lernbereitschaft: Unternehmen erwarten, dass neue Mitarbeiter:innen bereit sind, sich kontinuierlich weiterzuentwickeln. Du musst vielleicht neue Tools, Prozesse oder sogar Soft Skills erlernen. Eine proaktive Lernhaltung wird von Arbeitgebern geschätzt. Du siehst also: Es wird nicht erwartet, dass du schon alles kannst.

2. Anpassungsfähigkeit: Besonders in den ersten Monaten wird von dir erwartet, dass du dich an die Unternehmenskultur und die Arbeitsweise anpasst. Es kann hilfreich sein, sich aktiv mit Kolleg:innen auszutauschen und sich in Teamdynamiken hineinzufinden. Wie das genau funktioniert, wird im Laufe des Buches noch erläutert.

3. Kommunikationsfähigkeit: Gutes Erwartungsmanagement bedeutet auch, dass du klar und transparent kommunizierst. Wenn du bei einer Aufgabe nicht weiterkommst oder dir unsicher bist, was von dir erwartet wird, solltest du nicht zögern, Fragen zu stellen oder um Unterstützung zu bitten.

4. Zuverlässigkeit und Professionalität: Ein Unternehmen vertraut darauf, dass du deine Aufgaben zuverlässig und professionell erledigst. Halte Deadlines ein, übernimm Verantwortung und zeige Eigeninitiative. Diese Qualitäten sind entscheidend, um dich als wertvolles Teammitglied zu etablieren.

Realistische Erwartungen auf allen Ebenen sind der Schlüssel zu einem erfolgreichen Berufseinstieg. Indem du dir selbst und deinem neuen Job Raum gibst, sich zu entwickeln, vermeidest du unnötigen Stress und Frustration. Gleichzeitig ist es wichtig, die Erwartungen des Unternehmens zu verstehen und diesen gerecht zu werden. Mit einem ausgewogenen Erwartungsmanagement legst du die Grundlage für eine positive und langfristig erfolgreiche Karriere.

3.1.3 Die richtige Kleidung

„Was ziehe ich bloß an?" – Bei der Vorbereitung auf den ersten Arbeitstag kommst du nicht umhin, dich das zu fragen. Dabei solltest du bei der Wahl der Kleidung darauf achten, dass der Stil sowohl dir als auch deinem neuen Unternehmen möglichst entspricht. Zweiteres ist aber nur schwer zu beantworten, da du die Gepflogenheiten des Unternehmens und vor allem der eigenen Abteilung noch nicht kennst. Darüber hinaus ist die Kleidung abhängig von der Branche und deiner Position. Je nachdem, wo du arbeitest, kann es besser sein, auf Jeans und Turnschuhe zu verzichten und stattdessen Stoffhose, Bluse und Blazer oder Hemd und Sakko zu wählen. Solltest du dir unsicher sein, wie du dich nun kleiden sollst, wähle am ersten Tag lieber etwas förmlichere Kleidung und überprüfe, wie deine Kolleg:innen angezogen sind. Eine andere Möglichkeit wäre es, schon im Bewerbungsprozess nach den entsprechenden Gepflogenheiten zu fragen. Dies sollte keinesfalls gleich beim ersten Kontakt passieren, sondern erst, wenn die Entscheidung bereits für dich gefallen ist. Beobachte hier auch, wie dein:e Gesprächspartner:innen während des Vorstellungsgesprächs gekleidet waren (Schrammel 2022, S. 16).

> Wähle für deinen ersten Arbeitstag unbedingt ein Outfit aus, in dem du dich wohl fühlst.

Je nach Unternehmenskultur kann es hierzu auch offizielle oder inoffizielle Vorgaben geben, die du kennen und beachten solltest, diese werden dir für gewöhnlich vorab mitgeteilt. Beachte sie gut: Schließlich möchtest du durch deine Fähigkeiten und Leistungen auffallen und nicht durch deine (womöglich nicht dem Dresscode entsprechende) Kleidung. Falls es keine Vorgaben gibt, hier noch ein paar Tipps (Stepstone 2025c) für dein ideales Outfit nach Branche:

- Bürojob: Auch wenn das Bild noch in unseren Köpfen vorherrschen mag: Hier muss es nicht unbedingt der konservative Anzug oder das klassische Kostüm sein. Wähle lieber ein „Business Casual Outfit", wie zum Beispiel eine Anzughose inklusive dazu passendem Hemd und

Krawatte bei Herren bzw. elegante Hose/Rock kombiniert mit einer Bluse an heißeren Tagen oder einem schicken Pullover bzw. Blazer an kühleren Tagen bei Damen.

- Kreative Branchen: Hier kommt es vor allem darauf an, dynamisch und kreativ zu wirken. Zu steif wäre hier also fehl am Platz. Ein „Casual Outfit" bestehend aus einer schönen dunklen Jeans mit eleganten Schuhen und einem Hemd bzw. einer Bluse sind passend. Wichtig ist, dass das Outfit gut abgestimmt ist und den Typ unterstreicht. Dynamik und Offenheit zu vermitteln, ist hier ein Muss.
- Konservativere Branchen/Branchen mit viel Kundenkontakt: Vor allem bei Banken und Versicherungen wird eine konservativere Erwartung an das Outfit gestellt. Ein „Business Formal Outfit" wie zum Beispiel ein klassischer Anzug oder ein elegantes Kostüm sind angebracht. Dasselbe gilt auch für Stellen, die durch viel Kundenkontakt gekennzeichnet sind, wie im Sales, wo die oder der jeweilige Mitarbeiter:in das gesamte Unternehmen repräsentiert.
- Führungskraft: Bei Führungspositionen wird in der Regel erwartet, im Business Formal Outfit zu erscheinen. Demnach tragen Männer einen Anzug und Frauen ein Kostüm. Denn wenn du ein Team leiten möchtest, sollte bereits dein Erscheinungsbild Autorität ausstrahlen.
- Technische Berufe: Hier empfiehlt es sich, eher auf klassische Outfits zurückzugreifen. Ein Anzug bei den Herren, oder ein Kostüm bei den Damen ist bestimmt nicht falsch, aber meist reicht auch ein „Business Casual Outfit". Informiere dich am besten über die Internetseite. Junge Start-Ups treten vielleicht lässiger auf als große Technologie- und Technikunternehmen.
- Gastronomie und Eventbereich: Hier ist der Dresscode eher formell und ein Business Formal Outfit ist angebracht. Damen punkten vor allem mit weißer Bluse, dunkler Hose und dunklem Blazer. Herren sollten ein weißes Hemd tragen und ebenfalls eine dunkle Hose und dunkles Sakko. Schuhe sollten ebenfalls formell sein und zur Farbe der Hose passen.
- Verkauf und Marketing: Für diese Branchen empfiehlt sich ein „Business Casual Outfit". Eine schickere Hose kombiniert mit einer Bluse oder einem Pullover reichen vollkommen. Bedenke, dass auch der Marketingbereich ein Teil der Kreativ-Branche ist und daher auch

gerne buntere Outfits gewählt werden. Der Look von Marketingmitarbeiter:innen großer Unternehmen ist aber meist dezenter als der von jungen Agenturmitarbeiter:innen.

- Call Center: Da sich der Kundenkontakt telefonisch abspielt reicht hier ein „Casual Outfit" wie eine schöne Hose oder dunkle Jeans in Kombination mit einem Blazer oder einem Sakko, solange es gepflegt wirkt.
- Pädagogik: Auch in dieser Branche muss das Outfit nicht allzu formell sein. Ein „Casual Outfit" ist angebracht. Halte dir vor Augen: Du wirst dafür zuständig sein, Kindern oder Jugendlichen etwas beizubringen. Hier wirst du auch bei der Ausübung der Tätigkeit nicht im Anzug erscheinen, sondern eher leger gekleidet sein.
- Handwerk: Im Handwerk ist die Kleidung „Casual". Handwerker:innen müssen sich frei bewegen können. Die Arbeitskleidung muss angenehm zu tragen sein und nichts darf spannen oder stören. Generell ist Arbeitskleidung nicht vorgeschrieben, aber auf Grund von Hygiene, Schutz oder zugunsten eines einheitlichen Erscheinungsbildes kann Arbeitskleidung gestellt werden. Dabei wird zwischen „normaler Arbeitskleidung" und „Schutzkleidung" unterschieden. Schutzkleidung wie Schutzanzüge, Helme, Handschuhe, Sicherheitsschuhe oder Atemmasken muss der Arbeitgeber stellen. Zudem muss dieser die Reinigung übernehmen. Dienstkleidung kann der Arbeitgeber stellen. Die Reinigung dieser ist von der/dem Dienstnehmer:in zu zahlen.

> **Zeige mit deinem Outfit, dass du gut ins Unternehmen passt.**

Schau dir zur Vorbereitung deines Outfits auch die Website deines neuen Arbeitgebers an. Mittlerweile gibt es viele Unternehmen, die ihre Mitarbeiter:innen auf ihrer Website vorstellen. Wirf einen genauen Blick darauf, was die Personen tragen. Sind sie mit Anzug und Krawatte fotografiert oder eher im T-Shirt. Auch das kann dir Aufschluss darüber geben, wie leger oder klassisch die Kleiderordnung im Unternehmen gehandhabt wird. Wer sich nicht sicher ist, kann die folgende Faustregel beherzigen: lieber zu klassisch als zu leger.

Zum Abschluss scheint es mir – nicht zuletzt, weil ich selbst viele sichtbare habe – wichtig das Thema Tattoos zu besprechen. Während es früher verpönt war Tattoos zu haben, liegen diese nun voll im Trend. Ist das nun also ein Problem? Nicht unbedingt! Unterschiedliche Studien haben herausgefunden, dass die Akzeptanz von Tattoos am Arbeitsplatz immer weiter zunimmt: Die Universitäten Texas und Arkansas stellten beispielsweise fest, dass immer weniger Menschen Tätowierungen am Arbeitsplatz ablehnen. Außerdem ergab die Umfrage, dass selbst nicht-tätowierte Personen mittlerweile weniger Vorurteile gegenüber Tätowierten haben als früher. Ähnliche Ergebnisse können Forscher:innen aus Missouri vorweisen: In ihrer Befragung, die unter anderem auf das Aufdecken von Stereotypen gegenüber tätowierten Kolleg:innen im Job zum Ziel hatte, gaben 82 % der Personen an, diesbezüglich keinerlei negative Vorurteile zu haben (Kununu 2025).

Darf dir dein Arbeitgeber nun also nicht mehr verbieten? Laut der Arbeiterkammer (2025b) kann man sagen, dass du gar keine Probleme hast, wenn du ein dezentes Tattoo trägst und es leicht verdecken kannst. Wenn du aber viel direkten Kundenkontakt hast, z. B. als Bankangestellte:r und die Seriosität leidet, dann kann ein Arbeitgeber Tattoos oder auch Piercings verbieten. Die Frage, was zulässig ist und was nicht, ist nicht einfach zu beantworten und muss im Extremfall ein Gericht entscheiden. Wende dich im Bedarfsfall am besten gleich direkt an die Arbeiterkammer, um deinen Fall abzuklären.

3.1.4 Der erste Eindruck

Achtung: Für den ersten Eindruck gibt es keine zweite Chance!
So aufregend der erste Tag ist, so wichtig ist er auch, denn du wirst an deinem ersten Tag genau beobachtet. Die Kolleg:innen sind neugierig auf dich als neue:n Mitarbeiter:in und achten dabei auf alles Mögliche. Ob es nun die Kleidung, die Begrüßung oder erste Gespräche sind. Mit der richtigen Vorbereitung kann man die Weichen stellen und sich langsame und mühsame Korrekturversuche des ersten Eindrucks ersparen (Faber und Riedel 2014, S. 3).

Erscheine pünktlich.

Dieser Tipp klingt für dich vielleicht offensichtlich, aber es geschieht unerwartet häufig, dass Mitarbeiter:innen am ersten Tag zu spät kommen und das aus unterschiedlichen Gründen: Es wurde die Anfahrtszeit falsch berechnet, es kam zu unvorhergesehenen Hindernissen wie Staus oder Verspätungen im öffentlichen Verkehr oder sogar unterschiedliche Erinnerungen an die vereinbarte Anfangszeit. Damit tust du dir nicht nur selbst keinen Gefallen, du gibst somit gleich zu Anfang ein eher zweifelhaftes Bild ab. Komme also lieber deutlich früher, denn du kannst in der Umgebung ja noch einen Spaziergang machen. Solltest du Zweifel an der vereinbarten Uhrzeit haben, frage lieber nochmal nach (Faber und Riedel 2014, S. 4–5).

> Bleibe gelassen.

Auch wenn du ideal gekleidet und pünktlich kommst, wirst du vermutlich mit einer gewissen Nervosität konfrontiert sein. Damit kannst du schon vorab rechnen und dich darauf einstellen. In solch einer Situation sind Unsicherheit und Nervosität völlig normal. Aber vergiss nicht: aus einer Fülle von Bewerber:innen hat man sich für dich entschieden! Dein:e Vorgesetzte:r findet dich vielversprechend und hält dich für eine gute Besetzung der Stelle. Du kannst also ruhig an dich selbst glauben und entsprechend selbstbewusst auftreten, ohne dabei aber arrogant oder abgehoben zu sein (Schrammel 2022, S. 17). Es ist also wichtig, dass du gelassen auf deine eigene Nervosität reagieren und möglichst souverän, freundlich und gefestigt auftreten kannst. Um dies besser zu erreichen, stelle dir vor, dass du eine Bühne betrittst, auf der du dein Bestes gibst. Trete dafür deinen neuen Kolleg:innen offen und freundlich gegenüber. Wahre im Gespräch Augenkontakt und höre anderen aufmerksam zu. Mache beim Small Talk mit. Dadurch entspannt sich die Situation und du wirst lockerer. Darüber hinaus lernst du Menschen schneller kennen. Vielleicht entdeckst du sogar Gemeinsamkeiten, das schafft eine gute Ausgangsbasis für den kollegialen Kontakt (Faber und Riedel 2014, S. 5).

> Begegne allen offen und freundlich.

Bei der Begrüßung solltest du niemanden übergehen, weder die Person am Empfang noch Sekretär:innen, auch wenn du sehr selbstbewusst in eine vermeintlich höhere Position einsteigst. Damit verscherzt du dir unnötig wichtige Sympathien. Du solltest dir stets bewusst sein, dass jeder Mensch eine wichtige Funktion im Unternehmen hat und Achtung, Wertschätzung und Respekt verdient. Außerdem gilt es die inoffiziellen Kommunikationskanäle nicht zu unterschätzen, die sich unabhängig von den offiziellen Funktionen und Hierarchieebenen in jedem Unternehmen etablieren und die das unternehmensinterne soziale Gefüge enorm prägen (Faber und Riedel 2014, S. 5).

Auch solltest du darauf achten, dass du niemanden aufgrund deiner eigenen Vorurteile oder Unconscious Biases bewertest. Der Begriff „Unconscious Bias" stammt aus dem Englischen und bedeutet auf Deutsch „unbewusste Voreingenommenheit". Genauer gesagt sind es automatisierte Denkmuster, die uns helfen, Informationen zu kategorisieren. Es sind Denkprozesse, die zumeist völlig unbewusst ablaufen. Grundlage eines Unconscious Bias können gesellschaftliche Stereotype, aber auch eigene Erfahrungen sein. Das Problem von Unconscious Bias ist, dass dadurch verzerrte Beurteilungen entstehen können, durch die bestimmte Personen bevorzugt oder benachteiligt werden. Diese automatischen Denkmuster können damit zu Stereotypisierung und Diskriminierung beitragen (AMS Österreich 2024e).

3.1.5 Begrüßungsmail

An deinem ersten Tag empfiehlt es sich außerdem, eine Begrüßungsmail an deine Kolleg:innen zu versenden. Dabei ist eine Begrüßungsmail eine E-Mail, die entweder von dir oder deinem:r Vorgesetzten verfasst und verschickt wird, um dich im Team und eventuell auch in den benachbarten Teams bekannt zu machen. Das ist besonders in größeren Unternehmen Gang und Gäbe, insbesondere in solchen, die mehrere Standorte haben. Wähle dafür ein ausdrucksstarkes Foto von dir aus. Gehe, wie auch in physischen Vorstellungsrunden, auf deine Ausbildung, deine bisherigen Erfahrungen und auch auf etwas Privates ein (Bohinc 2014, S. 25).

3.1.6 Führe Small Talk

> Beziehungen zu anderen Menschen entstehen durch Kommunikation und werden durch diese aufrechterhalten.

Du wirst in den ersten Tagen deiner neuen Arbeit mit vielen Menschen in Kontakt kommen. Wenn du Kolleg:innen vorgestellt wirst, in der Kantine, oder wenn du Menschen im Büro triffst, hast du die Gelegenheit, Beziehungen aufzubauen. Sage also nicht nur Hallo oder schweige dann komplett. Gehe nicht davon aus, dass andere aktiv auf dich zukommen, sondern ergreife selbst die Initiative. Beim Small Talk geht es darum, Kontakt aufzubauen, andere kennenzulernen und Gemeinsamkeiten zu finden. Er dient also dem Beziehungsaufbau und nicht der Übermittlung von Sachinhalten. So werden Menschen miteinander vertraut. Jede:r erfährt etwas über das Gegenüber und wird dadurch als Person sichtbar. Es gibt keine festgelegten Themen, du solltest jedoch lieber Themen wählen, mit denen du möglichst viele positive Botschaften über dich übermitteln kannst und zugleich sollten die Themen dein Gegenüber ansprechen und dazu anregen, sich selbst darzustellen.

Versuche dich nun an ein Beispiel zu erinnern, in dem du Small Talk geführt hast und mache das untenstehende Assessment:

Assessment: Wie gut bist du im Small Talk?
- Konntest du leicht ins Gespräch kommen?
- Hast du viel von dir erzählt?
- Hast du etwas über den anderen oder die andere erfahren?
- Fiel dir schon nach wenigen Sätzen nichts mehr ein, was du hättest sagen können?
- War es dir unangenehm, etwas von dir zu erzählen?
- Hattest du schnell den Eindruck, dass du eigentlich etwas Wichtigeres zu tun hast?

Wenn du die ersten drei Reflexionsfragen mit „Ja" beantwortet hast, dann fällt es dir vermutlich leicht, mit Small Talk deine neuen Kolleg:innen kennenzulernen. Hast du stattdessen die letzten drei Fragen mit „Ja" beantwortet, dann solltest du dich auf den Small Talk bewusst vorbereiten. Überlege dir dafür, welche Themen und Aussagen für deine Kolleg:innen interessant sein könnten (Bohinc 2014, S. 20–21).

3.1.7 Mittagspause

Das Mittagessen ist eine Frage, die Berufseinsteiger:innen oft beschäftigt. In der Tat kann dies ganz unterschiedlich geregelt werden. Deshalb folgen nun ein paar Tipps dazu:

- Nimm dir vorsichtshalber ein Gericht mit: Falls es direkt an deinem Unternehmensstandort oder in der Nähe keine Möglichkeiten gibt, Essen zu besorgen, empfiehlt es sich, für diesen Fall vorzusorgen.
- Frage jemanden nach den Gepflogenheiten: Wenn du bereits in der Arbeit bist und mit jemandem ins Gespräch kommst, kannst du diese Person gleich direkt fragen, wie das Mittagessen normalerweise geregelt ist. Viele Unternehmen haben entweder eine Kantine, bieten Essensgutscheine oder es gibt einen Bereich, wo man sein mitgebrachtes Essen aufwärmen und essen kann.
- Falls du eine Auszeit vom Arbeitsplatz brauchst: Erkunde die Umgebung, um zu sehen, welche Restaurants, Cafés oder Imbisse es in der Nähe gibt. Vielleicht bieten sie auch günstige Mittagsmenüs an. So kannst du kurz frische Kraft tanken für den Nachmittag.
- Falls du zusammen essen willst: Zu Beginn könntest du abwarten, ob Kolleg:innen dich zum Mittagessen einladen, was oft passiert, wenn du neu bist. Sollte dies nicht passieren, ist es auch vollkommen in Ordnung, selbst zu fragen, ob jemand Lust hat, gemeinsam essen zu gehen. So lernst du die Kolleg:innen besser kennen und kommst schneller im Team an.
- Bleib flexibel: Es ist immer gut, flexibel zu bleiben. An manchen Tagen bevorzugen Kolleg:innen vielleicht etwas Schnelles oder bringen Essen von zu Hause mit, während an anderen Tagen ein gemeinsames

Mittagessen auswärts geplant ist. Achte bei deiner Entscheidung immer gut auf deine Bedürfnisse.

- Nutze das Mittagessen als Networking-Gelegenheit
- Das Mittagessen kann auch eine Gelegenheit sein, sich zu vernetzen. Indem du mit Kollegen isst, erfährst du mehr über die Dynamik im Team, ungeschriebene Regeln und aktuelle Projekte. Solche informellen Gespräche stärken oft das berufliche Netzwerk.

> Achte darauf, wie es in deinem neuen Unternehmen üblich ist und auf deine Bedürfnisse.

Zusammenfassend lässt sich sagen: Um auf Nummer sicher zu gehen, packe dir etwas für das Mittagessen in deine Arbeitstasche ein. So bist du für jede Situation gewappnet: Du kannst dein eigenes Essen essen, in die Kantine, zum nächsten Lebensmittelgeschäft oder ins Restaurant mitgehen und dann dein mitgebrachtes Essen abends nach deinem ersten Arbeitstag essen. Sei in jedem Fall flexibel und orientiere dich an deinen Kolleg:innen (Jobteaser 2025).

3.1.8 Einholung von Informationen

Du hast dich im Bewerbungsprozess zwar schon mit dem Unternehmen auseinandergesetzt – nun ist es jedoch an der Zeit, dieses Wissen signifikant zu erweitern. Nutze den ersten Tag dafür, Informationen einzuholen. Eventuell, falls du in einem großen Unternehmen mit mehreren Neustarter:innen bist, gibt es sogar eine formale Einführungsveranstaltung, bei der du viel Wichtiges über das Unternehmen lernen kannst. Andernfalls empfiehlt es sich bei Kolleg:innen nachzufragen oder interne Publikationen zu lesen. Wichtige Themen können hierbei sein (Faber und Riedel 2014, S. 3; Schrammel 2022, S. 19):

- Interne Organisation des Unternehmens
- Strategische Ausrichtung
- Unternehmens- und Führungsgrundsätze

- Bilanz und Geschäftsbericht
- Arbeit und Aufgaben der einzelnen Bereiche
- Betriebliche Arbeitszeiten und Pausen
- Zeiterfassung
- Toiletten, Kaffeeküche, Pausenraum, etc.
- Dresscode
- Zugang zum Gebäude und anderen betrieblichen Einrichtungen, falls vorhanden, z. B. Kantine oder Parkplatz
- Verhalten im Krankheitsfall
- Zugang zum firmeninternen IT-System
- Informationen zu Daten- und Arbeitsschutz
- Verhalten bei einem Unfall, Feuer, etc. sowie Notausgänge
- Ansprechpartner wie Betriebsarzt, Personalabteilung, Betriebsrat, falls vorhanden
- Urlaubsregelungen
- Betriebliche Fortbildungsmöglichkeiten

So bekommst du einen guten, tieferen Überblick über das Unternehmen und ein Gefühl für die Unternehmenskultur. Außerdem kann diese Recherche eine gute Beschäftigung sein, falls du bis dahin noch keine Aufgaben erhalten hast.

3.1.9 Feierabend machen

Der erste Arbeitstag vergeht meist wie im Fluge! Du hast danach sicherlich viele Eindrücke und Informationen zu verarbeiten. Das ist ganz normal. Bevor du jedoch Feierabend machst, bedanke dich bei deinen Kolleg:innen für den schönen ersten Arbeitstag. Denn in der Regel haben sie sich auch auf deinen ersten Arbeitstag vorbereitet. Und sie haben sich vorher Gedanken gemacht, wie sie ihn für dich möglichst angenehm gestalten können. Diese Mühen sollten mit Dankbarkeit belohnt werden.

> Zeige Wertschätzung für deine Begegnungen und Erfahrungen am ersten Tag.

Achte außerdem darauf, dass du nicht zu früh Feierabend machst. Genau auf die Minute Feierabend zu machen, hinterlässt am ersten Arbeitstag oft ebenso keinen guten ersten Eindruck bei deinen Kolleg:innen (das ist jedoch stark von der Unternehmenskultur abhängig). Ein gutes Maß hierbei ist das akademische Viertel (15 min). Das heißt, wenn dein Arbeitstag z. B. bis 18:00 geht, mache zwischen 18:05 und 18:15 ca. Feierabend. Es sei denn, es stehen noch zeitkritische Aufgaben an, allerdings sind solche Aufgaben eher unwahrscheinlich an deinem ersten Arbeitstag (Jobteaser 2025).

Ganz schön viel zu beachten an nur einem Tag, oder? Doch mit einer gewissenhaften Vorbereitung darauf, kannst du souverän in deinen ersten Tag starten und gleich von Beginn an einen guten Eindruck hinterlassen.

3.2   Die ersten Wochen

Nachdem du den ersten Tag gemeistert hast, geht es die nächsten Wochen für dich weiterhin um das Einleben in der neuen Umgebung. In dieser Zeit werden die Grundlagen für deine Aufgaben gelegt und Beziehungen geschlossen, die mitunter wichtig für deinen langfristigen Erfolg im Unternehmen sind.

3.2.1   Einarbeitungspläne

Du hast zwar im Bewerbungsprozess und am ersten Tag schon viele Informationen zum Unternehmen allgemein gesammelt, bei den Einarbeitungsplänen geht es nun aber um konkrete Informationen zum Ausüben deiner spezifischen Stelle.

In vielen Unternehmen gibt es recht detaillierte und individuelle Einarbeitungspläne. Ziel dieser Pläne ist es, dir einen zeitlichen, räumlichen und inhaltlichen Rahmen für die Einarbeitungsphase zu geben. Darin wird angeführt, welche Abteilung(en) oder welche Person(en) du wann mit welcher Methode in deine Aufgabe oder aber in deinen Teilbereich des Unternehmens eingeführt und an welchen externen und internen

Fortbildungsmaßnahmen du teilnehmen wirst. Somit ist ein gut aus-
gearbeiteter Einarbeitungsplan sehr hilfreich, um möglichst schnell das
Unternehmen und darüber hinaus die eigene Aufgabe kennenzulernen
und in die Produktivität zu kommen.

> Manchmal überschneiden sich betriebliche Ereignisse zeitlich mit den Ein-
> arbeitungsplänen. In diesem Fall solltest du diese Pläne wieder aufnehmen,
> sobald dies wieder möglich ist.

Für den optimalen Erfolg gehe diesen Plan oder diese Pläne möglichst
genau mit deiner:m Vorgesetzten durch und lasse dir die einzelnen
Punkte so genau wie nötig erklären. Denn es ist essenziell, dass du den
gesamten Inhalt und auch die jeweiligen Zusammenhänge gut verstehst.
So hast du für die nächste Zeit eine gute Orientierung und weißt, was
dich erwartet (Faber und Riedel 2014, S. 9).

3.2.2 Buddysysteme

In vielen Unternehmen ist es mittlerweile üblich, dass man als neue:r
Mitarbeiter:in, zumindest für die ersten Monate, eine:n sogenannte:n
„Buddy" oder „Pat:in" zur Seite gestellt bekommt. Dabei handelt es sich
häufig um eine:n Kolleg:in, die oder der bereits eine Weile im Unternehmen oder sogar in der gleichen Abteilung ist und sich etwa am gleichen
Level befindet wie man selbst. In regelmäßigen, je nach Unternehmen,
formellen oder eher informellen Treffen kannst du diese:n Buddy dann
sowohl fachliche, organisatorische und allgemeine Fragen stellen und von
dessen Einblicken und Erfahrungen profitieren (Schrammel 2022, S. 22).

> Es geht dabei weniger darum, fachlich eingewiesen zu werden. Lass dir von
> deiner:m Buddy die Unternehmensorganisation und -kultur ausführlich er-
> klären und frage dabei, wo du die Informationen finden kannst (Bohinc
> 2014, S. 88).

Dieses Modell ist eine wundervolle Möglichkeit für dich, denn auf diese Weise kannst du wertvolle Einblicke in die informellen Abläufe in der Abteilung und im Unternehmen gewinnen. Außerdem hat dein:e Buddy in der Regel mehr Zeit dafür, dir in persönlichen Gesprächen zur Seite zu stehen als deine Führungskraft, die sich um mehrere Mitarbeitende und laufende Projekte kümmern muss. Dein:e Buddy ist für dich die erste Vertrauensperson, von der du viel über das Unternehmen, die Kolleg:innen und die Unternehmenskultur erfahren kannst. Bei Fragen oder Schwierigkeiten ist dies deine erste Ansprechperson (Schrammel 2022, S. 22).

3.2.3 Umgang mit Kolleg:innen

Am ersten Tag sind bereits die ersten Kontakte erfolgt, jetzt geht es darum, diese weiter zu vertiefen und förderlich zu machen. In dieser Phase kommt es häufig zu Fehlern. Wer naiv und unbedacht agiert, gewinnt keine Freund:innen, sondern schafft sich im schlimmsten Fall Feind:innen. Probleme in der zwischenmenschlichen Kommunikation können sich negativ auf die fachliche Ebene und die Arbeitsergebnisse auswirken. Durch richtiges Verhalten jedoch, kannst du menschliche Beziehungen festigen und schnell Teil des Teams werden. Dieses Zugehörigkeitsgefühl ist essenziell für dein Wohlbefinden am Arbeitsplatz und damit auch für die langfristig erfolgreiche Arbeit (Faber und Riedel 2014, S. 10).

> Weise zu diesem Zeitpunkt nicht auf Fehler deiner Kolleg:innen oder Verbesserungsmöglichkeiten hin, auch wenn dir diese offenkundig scheinen. Du bist neu und weißt noch nicht, warum so agiert wird und was die historischen Hintergründe sind.

Im beruflichen Umfeld liegt der Fokus auf einem professionellen Umgang miteinander. Dabei spielt die zwischenmenschliche Ebene eine wichtige Rolle, da man letztendlich auch hier immer mit Menschen zu tun hat. Wie bei jedem Gespräch kann es vorkommen, dass eine Botschaft bei dem Zuhörer oder der Zuhörerin nicht immer so ankommt, wie der/die Sprecher:in diese ursprünglich beabsichtigt hat. Richtiges Zuhören ist eine zentrale Fähigkeit im Berufsleben und bildet die Basis für eine erfolgreiche Zusammenarbeit, auch wenn das womöglich banal und selbstverständlich klingt. Im Arbeitsalltag kann es schnell passieren, dass man in bester Absicht Lösungen anbietet, ohne zuvor den eigentlichen Sachverhalt eines Themas wirklich verstanden zu haben. Achte deshalb darauf, dein Gegenüber ausreden zu lassen und wirklich aufmerksam zuzuhören. Denn wenn man sich menschlich besser kennenlernt, gestaltet sich auch die professionelle Zusammenarbeit meist sehr viel einfacher. Außerdem ist es wichtig, sich nicht vorschnell Meinungen über Kolleg:innen zu bilden. Denn basierend auf den eigenen Erfahrungen und Erwartungen neigt man manchmal unbewusst dazu, das Gegenüber in eine Schublade zu stecken. Das passiert automatisch und ohne böse Absicht. Dann interpretiert man womöglich vorschnell etwas in die Worte, das Verhalten, die Mimik und die Gestik des/der anderen hinein, was so nie gesagt wurde. Das kann zu Problemen bei der Zusammenarbeit führen. Besonders wenn man allzu schnell Annahmen trifft, die man später nicht mehr überprüft und richtigstellt (Schrammel 2022, S. 43–45).

Ein respektvolles und hilfsbereites Miteinander ist darüber hinaus wichtig für den erfolgreichen Umgang mit Kolleg:innen. Du solltest dabei deine Kolleg:innen nicht als Konkurrenz, sondern als Kolleg:innen und potenzielle Verbündete betrachten. Besonders innerhalb eines Teams ist der Erfolg immer ein gemeinsamer. Teile deshalb dein Wissen mit anderen und hilf ihnen wo du kannst. Außerdem solltest du auf einen respektvollen Umgang achten. Würdige deshalb die Leistungen deiner Kolleg:innen nicht herab, wenn du Schwierigkeiten hast, oder werde auch nicht arrogant – biete deine Unterstützung an. Vertrauen und der bewusste Umgang mit Privatem in der Berufswelt sind weiters wichtig für die erfolgreiche Zusammenarbeit. Aus Klatsch und Tratsch solltest du dich nach Möglichkeit heraushalten. Negativ über andere zu reden wirft darüber hinaus ein schlechtes Bild auf einen selbst. Vertraue aber auch nicht den nettesten Kolleg:innen deine privaten Sorgen und Probleme an. Schließlich könnte dies irgendwann gegen dich verwendet werden, wenn es dem Gegenüber zur Erreichung dessen Ziele nützt. Sei also lieber vorsichtig damit, wem du was anvertraust.

Achte darüber hinaus auf Professionalität selbst bei wenig Sympathie. Du musst nicht mit allen Freundschaften schließen. Allerdings wird von dir erwartet, dass du trotzdem mit allen vernünftig und produktiv zusammenarbeiten kannst. Selbst wenn du jemanden als schwierig empfindet, gibt es in der Regel immer etwas, das euch verbindet. Und wenn es nur das gemeinsame Projekt ist und das Bestreben, dabei gute Ergebnisse abzuliefern (Schrammel 2022, S. 47–50).

3.2.4 Erste Gespräche mit der:m Vorgesetzten

Die Beziehung zu deiner:m Vorgesetzten wird vielerseits als die wichtigste im Berufsleben gesehen. Wenn diese Person dich wertschätzt und für talentiert hält, verfügt sie über die Macht, dich aktiv zu fördern und zu entwickeln (Schrammel 2022, S. 51). Die ersten Gespräche mit deiner:m direkten Vorgesetzten sind richtungsweisend für deine Entwicklung. Aber oft ist die oder der Vorgesetzte aus Zeitmangel nicht gerade optimal auf dich vorbereitet. Vor allem wenn deine Stelle neu eingerichtet wurde, gibt es womöglich einige Unklarheiten. Deshalb solltest du umso besser vorbereitet sein. Denn nur so wirst du die notwendigen Informationen erhalten, um deine Aufgabe erfolgreich zu erfüllen. (Faber und Riedel 2014, S. 12). Die Kommunikation zu deiner:m Vorgesetzten zählt zu den zentralen Erfolgsfaktoren deiner Karriere. Die größte Herausforderung für dich ist aber die Nicht-Kommunikation deiner Chefin oder deines Chefs. Viele Vorgesetzte stehen unter einem solchen Druck, dass sie der Meinung sind, für ausführliche, zielgerichtete Gespräche einfach keine Zeit zu haben. Gehe deshalb aktiv auf deine:n Vorgesetzte:n zu und vereinbare feste Termine, die am besten regelmäßig wiederkehren. Solltest du dabei mit Kritik konfrontiert werden, nimm diese nicht als Angriff auf, sondern als Anlass, Dinge zu verbessern (Faber und Riedel 2014, S. 16).

In der Regel solltest du bei allen wichtigen Fragen, die deine Arbeit betreffen, deine:n Vorgesetzte:n involvieren. Im Zweifel solltest du jedoch nachfragen, was du selbst entscheiden darfst und wo du deinen Chef/

deine Chefin involvieren solltest. Dadurch lassen sich ungeplante Kompetenzüberschreitungen vermeiden. Die klare Festlegung von Befugnissen, Rechten und Pflichten kann die Arbeit sehr viel angenehmer und entspannter machen. Unter keinen Umständen solltest du deine Führungskraft absichtlich übergehen.

Die oder der Vorgesetzte wählt aus, wen sie oder er aktiv fördern und weiterentwickeln möchte. Die Führungskraft spielt also eine entscheidende Rolle dabei, wer beruflich weiterkommt und befördert wird. Eine Beförderung erfolgt nicht immer anhand objektiver, sachlicher Kriterien wie Arbeitsqualität und Leistung. Häufig kann die oder der Vorgesetzte auch nur eine bestimmte Anzahl Mitarbeiter:innen innerhalb einer gewissen Zeitspanne befördern und muss sich früher oder später entscheiden. Also kommt eine:r weiter und die anderen diesmal nicht. Es liegt in der Natur der Sache, dass nicht alle gleichermaßen zufrieden mit der Entscheidung der oder des Vorgesetzten sein werden, selbst wenn die Mitarbeiter:innen, die diesmal nicht befördert wurden, entsprechendes Feedback bekommen. Manche Chef:innen schieben den Grund dabei auf andere. Besonders beliebte „Bösewichte" sind in großen Unternehmen auch gerne die Personalabteilung oder das höhere Management. (Schrammel 2022, S. 51–55).

3.2.5 Meetings

Die Meeting-Kultur ist von Unternehmen zu Unternehmen unterschiedlich. Achte deshalb auf die Besonderheiten deines Unternehmens, denn gerade am Anfang kann man sich hier schnell einmal unbeliebt machen. Sei vor allem pünktlich, auch wenn du merkst, dass manche Kolleg:innen es nicht so genau mit der Pünktlichkeit nehmen. Es wird immer mindestens eine:n geben, die oder der sich über die Unpünktlichkeit ärgert.

> Sei unbedingt ausnahmslos pünktlich!

Außerdem gibt es einige Punkte, die es vor, in und nach Meetings zu beachten gilt, die folgen nun:

Vor dem Meeting

- Im Vorfeld des Meetings wird in der Regel eine Agenda versendet. Lies dir diese genau durch und frage Kolleg:innen oder deine:n Buddy, wenn du etwas darin nicht verstehst.

- Darüber hinaus solltest du dir auch die Historie zu den Punkten erklären lassen, dadurch kommst du während des Meetings schneller in die Thematik hinein.

- Überlege dir außerdem im Vorfeld schon, was dein Beitrag oder deine Beiträge sein könnte(n), und formuliere deine Gedanken dazu schriftlich in deinen Unterlagen.

Im Meeting

- Wenn das Meeting dann beginnt, achte unbedingt auf die Sitzordnung. Es kommt nicht gut an, wenn du gleich beim ersten Meeting der:m Geschäftsführer:in ihren oder seinen angestammten Platz wegnimmst.

- Überleg dir während des Meetings immer wieder, an welcher Stelle du einen interessanten Beitrag liefern könntest. Dies ist wie eine gewisse Gratwanderung, denn du solltest weder zu ruhig wirken noch solltest du unqualifizierte Beiträge leisten.

- Wenn sich ein Meeting mal hinzieht und du denkst, dass die Ausführungen nicht relevant sind, lasse dir weder Ungeduld noch Desinteresse anmerken. Höre stattdessen aufmerksam zu und bestätige dies in entsprechender verbaler und nonverbaler Weise.

- Mache dir Notizen, auch von deinen Gedanken zum Gehörten.

- Wenn du hier bestimmte unternehmensspezifische Ausdrücke oder Sachverhalte nicht verstehst, frage direkt im Meeting nach. Jede:r wird Verständnis dafür haben, da du ein:e neue:r Mitarbeiter:in bist.

Nach dem Meeting

- Außerdem ist auch eine konstruktive Nachbearbeitung des Meetings notwendig. Besonders wichtig ist die Vervollständigung Ihrer Notizen, und zwar direkt nach dem jeweiligen Meeting, nicht erst in den nächsten Tagen, denn dann sind relevante Informationen aus dem Gedächtnis verschwunden. Führe dir dafür vor Augen, welche

Aufgaben man dir während des Meetings übertragen hat, und trage diese mit einem Zeitplan in deine persönliche Aufgabenliste ein.

• Wenn es ein offizielles Protokoll gibt, das nach dem Meeting ausgeschickt wird, vergleiche dieses mit deinen Aufzeichnungen und kläre Unstimmigkeiten mit deiner:m Buddy oder Vorgesetzten (Faber und Riedel 2014, S. 15).

> Meetings kosten viel Zeit. Überlege dir immer wieder, welche Meetings für dich wirklich wichtig und vor allem notwendig sind. Oft reicht es auch aus, das Protokoll zu lesen.

3.2.6 Berufliche Netzwerke

Unter dem Begriff des Netzwerkens bzw. Networkings versteht man die systematische Beziehungspflege unter Freund:innen, Kolleg:innen, Geschäftspartner:innen und Förderer:innen. Dabei werden Kontakte zu anderen Menschen systematisch gesucht, Beziehungen aufgebaut und langfristig gepflegt. Die Netzwerkpartner:innen haben dabei die Absicht, sich gegenseitig zu fördern, um daraus einen Vorteil zu ziehen (Bohinc 2014, S. 104). Netzwerke können nach Interessen oder Gruppenzugehörigkeit organisiert sein – mache dir also im Vorfeld Gedanken darüber, was dir persönlich wichtig ist, zu welcher Gruppe oder welchen Gruppen du dich zählen möchtest und was deine Ziele beim Netzwerken sind.

Netzwerke finden sich also in jedem Lebensbereich. So gibt es auch in Unternehmen eine Reihe von Netzwerken, die man in formelle und informelle Netzwerke gliedern kann. Formelle Netzwerke sind deutlich sichtbar und man kann sich leicht und schnell darüber informieren, etwa im Intranet oder in Broschüren. Oft haben diese Netzwerke einen gemeinsamen fachlichen Hintergrund. Das Ziel solcher Netzwerke ist dabei die gemeinsame Optimierung der Prozesse und Aufgaben. Gerade im Rahmen von Diversitymaßnahmen, die zur Gleichstellung aller in der Arbeitswelt dienen sollen, entstehen immer mehr formelle Netzwerke bzw. wandeln sich von informellen zu formellen Netzwerken. Dahinter steht der Gedanke, die individuellen, persönlichen Gemeinsamkeiten von Menschen zu respektieren, ihnen Raum zu geben und dadurch die Mitarbeiter:innen zu motivieren. Daher werden diese Netzwerke von Unternehmen gefördert.

Informelle Netzwerke sind auf den ersten Blick nicht sichtbar. Sie bestehen aus Mitarbeiter:innen, die sich gut verstehen, Gemeinsamkeiten haben und sich deshalb zusammenschließen, um gemeinsam erfolgreicher zu sein. Über diese informellen Strukturen lassen sich Ziele außerhalb des Dienstweges erreichen. Neuen Mitarbeiter:innen bleiben diese Netzwerke unter Umständen lange verborgen. Achte deshalb ganz genau darauf, wer sich mit wem besonders gut versteht.

Für den Aufbau deines reichhaltigen Netzwerkes engagiere dich am besten in den vorhandenen Netzwerken und nutze diese. Schaue dabei, welche formellen Netzwerke im Unternehmen vorhanden sind, und bringe dich darin ein. Baue darüber hinaus dein eigenes informelles Netzwerk im Unternehmen auf und pflege es. Solltest du dich bisher noch nicht mit Netzwerken bzw. der sinnvollen Gestaltung von Netzwerken beschäftigt haben, hole dies nach (Faber und Riedel 2014, S. 16–17).

Netzwerke gibt es jedoch auch außerhalb deines Unternehmens und es macht auch Sinn, sich diese anzusehen. So erhältst du neue Perspektiven auf Dinge und kannst neue, spannende Kontakte sammeln.

Da es Frauen historisch und kulturell bedingt schwerer haben, zu netzwerken, haben sich in Österreich einige Netzwerke geformt, die ihnen das Netzwerken auch außerhalb des eigenen Unternehmens erleichtern sollen. So kannst du über Unternehmensgrenzen hinaus und branchenübergreifend netzwerken. Exemplarisch werden im Folgenden drei Netzwerke präsentiert:

- Womentor: Dieses Netzwerk bietet nicht nur Netzwerkveranstaltungen, darüber hinaus wird ein maßgeschneidertes Mentoring-Programm angeboten, das einen noch tiefgreifender fördert.
- Sorority: Der Verein Sorority hat sich der Stärkung und Vernetzung von Frauen und weiblich gelesenen Personen verschrieben, um diese gezielt zu fördern. Auch hier wird eine Vielzahl an Veranstaltungen angeboten.

- Queer Business Women: Dieses Netzwerk unterstützt insbesondere queere Frauen dabei, branchenübergreifende Mitstreiterinnen zu finden und bietet Veranstaltungen zur Erweiterung des persönlichen Horizonts an.

Deine Art des Netzwerkens wird so individuell wie dein eigenes Netzwerk sein. Besuche also vielfältige Netzwerke und entscheide dann, welche dich ansprechen und welche weniger für dich geeignet sind. Wie du beim Aufbau deines Netzwerkes genau vorgehst, wurde bereits im Abschn. 2.2.4 geschildert. Deine Überlegungen hierzu kannst du nun, nach Arbeitsantritt, nochmal überarbeiten und erweitern.

3.3   Das erste Jahr

Nun, wo du dich gut eingelebt und erste Erfolge gefeiert hast, geht es im Weiteren darum, dir Ziele zu setzen und diese zu erreichen, konstruktiv mit Fehlern umzugehen, Feedbackkultur zu leben und die Machtstrukturen im Unternehmen zu beachten.

3.3.1 Self-Assessment

Nun, wo du schon vielseitige Erfahrung gesammelt, erste Erfolge gefeiert und einige Learnings gezogen hast, solltest du dich fragen, ob die Stelle auch wirklich das ist, was du dir vorgestellt hast und ob das Unternehmen tatsächlich zu dir passt. Beantworte dafür die folgenden Fragen gewissenhaft und sei wirklich ehrlich zu dir selbst:

Zufriedenheit und Motivation
- Fühle ich mich in meiner Rolle wohl und herausgefordert?
- Habe ich Freude an meinen Aufgaben oder empfinde ich sie als belastend?
- Bin ich motiviert, mich weiterzuentwickeln, oder arbeite ich nur „Dienst nach Vorschrift"?
- Unterstützt die Stelle meine Weiterentwicklung, sowohl fachlich als auch persönlich?

Arbeitskultur und Unternehmenskultur

- Stimmen die Werte des Unternehmens mit meinen persönlichen Werten überein?
- Fühle ich mich in der gelebten Unternehmenskultur wohl?
- Wie ist der Umgang unter den Kolleg:innen? Fühle ich mich als Teil des Teams?
- Werden meine Meinungen und Ideen wertgeschätzt?

Entwicklungsmöglichkeiten

- Gibt es Möglichkeiten zur Weiterbildung oder beruflichen Weiterentwicklung?
- Habe ich das Gefühl, dass ich wachsen kann, oder sehe ich mich in einer Sackgasse?
- Bekomme ich konstruktives Feedback und erkenne ich eine Verbesserung meiner Fähigkeiten?

Work-Life-Balance und Arbeitsbedingungen

- Wie sieht meine Work-Life-Balance aus? Fühle ich mich oft gestresst oder ausgebrannt?
- Sind die Arbeitszeiten, das Gehalt und die Benefits fair?
- Ist mein Arbeitsumfeld angenehm und unterstützend?

Langfristige Perspektive

- Kann ich mir vorstellen, hier in den nächsten Jahren zu bleiben?
- Sehe ich Entwicklungspotenzial innerhalb des Unternehmens?
- Entspricht dieser Job meiner langfristigen Karriereplanung?

Wenn du diese Fragen für dich beantwortet hast, zeichnet sich ein klares Bild davon, wie du nun weitermachen möchtest. Solltest du zu dem Entschluss gekommen sein, dass du die Stelle nicht weiter ausüben möchtest, kannst du im Abschn. 3.3.7 erforschen, wie es nun weitergehen soll. Wenn du aber freudig festgestellt hast, dass du zufrieden mit deiner aktuellen Stelle bist, gilt es dich hier weiter zu vertiefen und langfristige Pläne zu schmieden.

3.3.2 Zielvereinbarungen

In vielen Unternehmen werden mehr oder weniger standardisierte Ziel-
vereinbarungssysteme als Führungsinstrument genutzt, die dir einerseits
eine Richtlinie für deine Arbeit geben und andererseits dem Unternehmen ermöglichen sollen, alle Mitarbeiter:innen konform zur Gesamt-
unternehmensstrategie einzusetzen. Dabei sind die Ergebnisse dieser
Zielvereinbarungen für deine:n Vorgesetzte:n ein Indikator für deinen
Erfolg. Darüber hinaus bilden Zielvereinbarungen auch oft die Grundlage für einen variablen Teil deines Gehalts und dienen so als Motivations-
instrument. Auch wenn eine Vereinbarung üblicherweise eine zweiseitige
Angelegenheit ist, sind deine Gestaltungsmöglichkeiten hier sehr begrenzt. Viele Ziele sind bereits vorgegeben und werden von einem
Gesamt-Unternehmensziel als Teilziele für die einzelnen Bereiche und
dann weiter für die einzelnen Mitarbeiter:innen heruntergebrochen. Nur
so wird eine einheitliche und zielgerichtete Unternehmensführung
möglich.

Jedoch bilden auch deine persönlichen Ziele einen Schwerpunkt dieser
Zielvereinbarungen und diese kannst du sehr wohl selbst beeinflussen.
Hierbei wird zwischen quantitativen und qualitativen Zielen unterschieden. Ein quantitatives Ziel einer personalverantwortlichen Person kann
zum Beispiel die Einstellung von fünf Personen gemäß vordefinierter
Stellenbeschreibung(en) innerhalb von drei Monaten sein. Ein Beispiel
für ein qualitatives Ziel wäre etwa die Erhöhung der Kund:innenzufrie-
denheit innerhalb des nächsten Quartals. Die Messbarkeit von qualitativen Zielen ist in der Praxis eher problematisch, da man auf Rückschlüsse
aus Hilfsgrößen angewiesen ist. In diesem Beispiel wäre das etwa der
Rückgang der Kundenbeschwerden von fünf auf drei innerhalb des
Quartals.

Wie bereits beschrieben, enthalten die Zielvereinbarungen häufig
Unternehmensziele und Bereichsziele. Diese Art von Zielen kannst du
nur bedingt beeinflussen, dies hängt von deiner Funktion im Unternehmen ab. Durch diese Ziele soll die Identifikation mit dem Unternehmen
und dem Bereich gestärkt werden. Ein Ziel könnte es hier zum Beispiel
sein, den Gewinn vor Steuern im nächsten Jahr um fünf Prozent zu erhö-

hen oder die Erhöhung des Deckungsbeitrags der Abteilung X im nächsten Jahr um zehn Prozent.

Alle Ziele Ihrer Zielvereinbarung sollten SMART formuliert werden, damit sie erreichbar sind. Die SMART-Anforderungen sind hierbei:

- Spezifisch: das Ziel muss eindeutig sein
- Messbar: eine Bewertung muss möglich sein (bei qualitativen Zielen werden Hilfsgrößen verwendet)
- Akzeptiert: das Unternehmen und du müssen das Ziel befürworten
- Realistisch: das Ziel muss tatsächlich erreichbar sein
- Terminiert: es muss eine Frist oder ein Datum für das Erreichen des Ziels geben

Sollte dir bezüglich der Zielvereinbarungen etwas unklar sein, sprich mit deiner:m Vorgesetzten und lasse dir unklare Elemente erklären. Es ist essenziell für deinen Erfolg, dass du alles in dieser Vereinbarung nachvollziehen kannst und dass du auch dahinterstehst und der Meinung bist, dass diese Ziele für dich machbar sind. Nur so kann dir diese Vereinbarung helfen, die notwendigen Aktivitäten zeitgerecht einzuleiten und erfolgreich zu werden (Faber und Riedel 2014, S. 13–14).

3.3.3 Umgang mit Fehlern

Fehler und Rückschläge sind, ebenso wie Erfolge, ganz normale Bestandteile der täglichen Arbeit. Erfolgreich zu sein bedeutet nicht, niemals Fehler zu machen, sondern mit diesen zielführend umzugehen und somit daraus zu lernen. Beabsichtigte Regelüberschreitungen und bewusste Verstöße sind aus dieser Betrachtung ausgenommen, da diese grundsätzlich im beruflichen Umfeld nichts zu suchen haben.

Angst vor Fehlern zu haben ist verständlich, da wir als Gesellschaft bereits in der Schule gelernt haben, dass sie etwas Schlechtes sind. Außerdem haben wir Menschen alle schon negative Konsequenzen unserer Fehler erlebt. Wenn du nun aber lernst, diese Angst abzulegen, kannst du einen neuen, förderlichen Zugang zu Fehlern finden. Dies ist keine einfache Aufgabe, denn auch in Unternehmen kommt es häufig vor, dass

Fehler eher schlecht assoziiert sind und dadurch oftmals unter den Teppich gekehrt werden. Dabei kann eine entsprechend offene Fehlerkultur ein enormes Lern- und Entwicklungspotenzial freisetzen und sogar neue, kreative Ideen hervorbringen. In einer entsprechend guten Fehlerkultur können also Fehler, Rückschläge und Niederlagen auch in der Berufswelt ein großes Potenzial entfalten, wenn sie als Lernerfahrung gesehen und entsprechend genutzt werden. Achte deshalb darauf, wie in deinem Team mit Fehlern umgegangen wird. Vielleicht kannst du sogar dazu beitragen, dass diese künftig mehr als Chance und Lernerfahrung, denn als Rückschlag gesehen werden.

Fehler sind also unausweichlich. Wie solltest du dich also am besten im Falle eines Fehlers verhalten? Ihn zu vertuschen ist nie eine gute Idee, darum empfiehlt es sich die folgenden Punkte zu beachten:

1. Bewahre Ruhe: Selbst oder gerade, wenn es sich um einen schlimmen Fehler handelt, der gravierende Konsequenzen mit sich bringt. Dabei spielt es keine Rolle, ob dir der Fehler gerade erst passiert ist oder schon eine Weile zurückliegt und dir nun aufgefallen ist. Kritisiere dich dafür nicht selbst und mache dir keine Vorwürfe. Dieser Moment ist nicht für Schuldzuweisungen und Ausflüchte, denn all das ändert nichts an der Situation. Du kannst den Fehler dadurch nicht ungeschehen machen. Entscheidend ist nun, wie du damit umgehst: Es ist unerlässlich, dass du einen kühlen Kopf bewahrst, denn nur so kannst du bedacht und rational handeln.

> Atme tief durch, nimm einen Schluck Wasser und beruhige dich. Dann kann es weitergehen.

2. Analysiere die Situation: Versuche, deine Situation in ihrer Gesamtheit, möglichst unvoreingenommen und rational, zu betrachten. Daher empfiehlt es sich, dich von wenig hilfreichen Gedanken und Emotionen zu distanzieren und dir die folgenden Fragen zu beantworten:

a. Handelt es sich um einen kleinen Fehler, den du problemlos selbst beheben kannst? Lautet hier die Antwort ja, dann solltest du das umgehend tun.

b. Handelt es sich um einen großen Fehler, den du nicht selbst beheben kannst und der unter Umständen ernsthafte Auswirkungen haben kann?

Lautet hier die Antwort ja, solltest du umgehend deine:n Vorgesetzte:n informieren.

3. Hol dir Unterstützung: Wenn es sich um einen großen Fehler handelt, den du nicht selbst beheben kannst, ist die Dringlichkeit entsprechend hoch. Gehe in diesem Fall umgehend zu deiner:m Vorgesetzten bzw. bitte um einen Termin. Gehe in dem Treffen nicht auf das Problem an sich ein, sondern stattdessen auf die Lösung. Bleibe dabei sachlich und werde nicht emotional. Du kannst dich dabei einmal (!) für den Fehler entschuldigen, denn das zeigt deine Professionalität und Verantwortungsübernahme für das eigene Handeln. Gib gleich zu Beginn des Gesprächs einen raschen Überblick über die Situation, indem du die wichtigsten Aspekte kurz zusammenfasst. Außerdem kannst du nun Vorschläge machen und Ideen äußern, um den Fehler zu korrigieren oder dessen Auswirkungen abzumildern. Wenn du damit fertig bist, höre deiner:m Vorgesetzten unbedingt gut zu und befolge dessen Anweisungen ganz genau. Und vergiss nicht, ihr oder ihm im Anschluss für die Unterstützung zu danken.

4. Lerne aus deinen Fehlern: Wenn der Fehler dann behoben wurde, denke über das Geschehene nach und reflektiere: Was kannst du daraus lernen und in Zukunft besser machen? Denn Fehler sind eine wunderbare Möglichkeit, etwas Neues zu lernen, sich zu entwickeln und an Erfahrung zu gewinnen.

Fehler bieten eine gute Gelegenheit, die eigene Arbeitsweise anzupassen und können dabei helfen, sich immer weiter zu verbessern. Nutze dieses Potenzial für dich! Gerade am Anfang ist es nicht schlimm, wenn man auch einmal etwas falsch macht. Dies wäre nur schlimm, wenn du nichts daraus lernst und denselben Fehler immer wieder machst. Das würde auf Dauer tatsächlich keinen guten Eindruck machen (Schrammel 2022, S. 81–95).

3.3.4 Feedback

Feedback verbessert die Leistung – sowohl von einzelnen Personen als auch vom gesamten Unternehmen. Sogar Studien belegen, dass konstruktives Feedback zur Steigerung der Produktivität beiträgt, indem es den Mitarbeiter:innen hilft, ihre Arbeitsweise effizienter zu gestalten. Zahlen zeigen, dass Unternehmen, die eine gute und somit förderliche Feedbackkultur pflegen, eine um 14,9 % höhere Mitarbeiter:innenproduktivität aufweisen. Dies liegt daran, dass Feedback klare Erwartungen und Ziele setzt, die die Mitarbeiter:innen motivieren und ihre Leistung fokussieren. Eine Untersuchung der University of Oxford bestätigt, dass regelmäßiges und gut strukturiertes Feedback direkt mit einer verbesserten Mitarbeiter:innenleistung korreliert (Schmidt Strategie 2025). Deshalb ist eine gute Feedback-Kultur gold wert. Was du dazu beitragen kannst? Du kannst einerseits dein Feedback wertschätzend einbringen oder aber auch das Feedback anderer anhören oder sogar annehmen, was dir sinnvoll vorkommt. Wie das konkret funktioniert, wird nun besprochen.

Doch zuerst: Was ist eine gute Feedback-Kultur? Eine gute Feedback-Kultur zeichnet sich durch Offenheit, Transparenz und kontinuierliche Kommunikation aus. Sie ermöglicht es Vorgesetzten sowie Mitarbeiter:innen, ihre Meinungen und Ideen frei zu äußern, ohne Angst vor negativen Konsequenzen zu haben. Feedback wird somit als Werkzeug für Wachstum und Verbesserung betrachtet und nicht als Kritik (Culturemonkey 2024).

Merkmale einer guten Feedback-Kultur
- Konstruktives Feedback: Es sollte spezifisch, lösungsorientiert und empathisch sein, um die persönliche und berufliche Entwicklung zu fördern.
- Regelmäßigkeit: Feedback sollte nicht auf jährliche Reviews beschränkt sein, sondern kontinuierlich erfolgen. Das bedeutet lieber zeitnah als lange warten.
- Gegenseitiger Respekt: Ehrlichkeit und Vertrauen sind essenziell, um eine unterstützende Arbeitsumgebung zu schaffen.

• Vielfalt der Perspektiven: Eine gute Feedback-Kultur fördert unterschiedliche Meinungen und Ideen, was Innovation und Teamdynamik stärkt.

Klingt doch sehr gut, nicht? Im Vergleich wird nun kurz dargestellt, was ohne gute Feedback-Kultur geschieht:

Merkmale einer schlechten Feedback-Kultur
• Mangelnde Entwicklung: Die Menschen im Unternehmen wissen nicht, was sie verbessern können. Dies hemmt ihre persönliche und berufliche Weiterentwicklung.
• Sinkende Motivation: Ohne Anerkennung oder konstruktive Kritik fühlen sich die Menschen im Unternehmen oft unterbewertet, was zu Demotivation führt.
• Missverständnisse: Fehlende Kommunikation kann zu Konflikten und Spannungen innerhalb des Teams führen.
• Höhere Fluktuation: Mitarbeiter:innen verlassen häufiger Unternehmen, in denen sie keine Rückmeldung erhalten oder sich nicht wertgeschätzt fühlen.

Eine gut etablierte Feedback-Kultur ist daher entscheidend für die Produktivität, das Engagement und die Zufriedenheit der Mitarbeiter:innen sowie für den langfristigen Erfolg des Unternehmens. Doch wie gibt man nun richtig Feedback und wie empfängt man es?

Feedback geben
1. Vorbereitung und Strukturierung: Bevor man Feedback gibt, ist eine gründliche Vorbereitung entscheidend. Überlege dir im Voraus, was du sagen möchtest, und strukturiere deine Gedanken. Notiere konkrete Beispiele, die deine Rückmeldungen unterstützen, um deine Aussagen zu untermauern. Dies hilft dabei, das Feedback klar und prägnant zu vermitteln.
2. Spezifität und Klarheit: Spezifisches und klares Feedback ist wesentlich effektiver als allgemeine Aussagen. Anstatt zu sagen: „Du musst

dich verbessern", könntest du präzisieren: „Mir ist aufgefallen, dass du in den letzten Meetings häufig zu spät gekommen bist. Es wäre hilfreich, wenn du pünktlicher sein könntest, um den Ablauf nicht zu stören."

3. Zeitnahe Rückmeldungen: Feedback sollte zeitnah gegeben werden, solange die Ereignisse noch frisch im Gedächtnis sind. Dies erleichtert es dem Empfänger oder der Empfängerin, die Rückmeldungen im Kontext zu verstehen und entsprechende Maßnahmen zu ergreifen.

4. Balance zwischen positivem und negativem Feedback: Eine ausgewogene Mischung aus positivem und negativem Feedback ist wichtig. Die Sandwich-Methode, bei der negatives Feedback zwischen zwei positiven Rückmeldungen eingepackt wird, kann hierbei hilfreich sein. Dies macht es dem Empfänger oder der Empfängerin leichter, das Feedback anzunehmen und motiviert ihn oder sie gleichzeitig.

5. Konstruktive Formulierung: Achte darauf, dein Feedback konstruktiv zu formulieren. Vermeide dabei Vorwürfe und konzentriere dich stattdessen auf beobachtbares Verhalten und dessen Auswirkungen. Formulierungen wie „Mir ist aufgefallen, dass …" oder „Ich habe bemerkt, dass …" können dabei helfen, eine weniger konfrontative Atmosphäre zu schaffen.

6. Aktiv zuhören und Dialog fördern: Feedback sollte als ein zweiseitiger Dialog betrachtet werden. Höre aktiv zu und ermutige den Empfänger oder die Empfängerin, Fragen zu stellen und seine oder ihre Perspektive zu teilen. Dies fördert ein besseres Verständnis und zeigt Respekt und Wertschätzung für die Meinung des anderen.

7. Emotionale Intelligenz nutzen: Emotionale Intelligenz ist entscheidend, um Feedback einfühlsam und effektiv zu vermitteln. Versetze dich in die Lage des Feedback-Empfängers bzw. -Empfängerin und berücksichtige dessen Emotionen und Reaktionen. Dies hilft, das Feedback auf eine Weise zu präsentieren, die sowohl unterstützend als auch motivierend ist.

8. Kontext und Auswirkungen erklären: Erkläre, warum das Feedback wichtig ist und welche Auswirkungen das beobachtete Verhalten auf das Team oder die Organisation hat. Dies hilft dem Empfänger oder der Empfängerin, die Relevanz des Feedbacks zu verstehen und motiviert dazu, Veränderungen vorzunehmen. (Schmidt Strategie 2025)

Nun hast du einen guten Überblick davon, was es beim Feedback-geben zu beachten gilt. Darüber hinaus können hier Methoden hilfreich sein. Die bekannteste ist die Sandwich-Methode, die eben schon kurz vorgestellt wurde. Darüber hinaus gibt es noch weitere Methoden, die du dabei wählen kannst:

- 360-Grad-Feedback: Das 360-Grad-Feedback ist eine umfassende Methode, bei der Feedback von verschiedenen Personen im Arbeits-umfeld gesammelt wird, darunter Vorgesetzte, Kolleg:innen und Untergebene. Diese Methode bietet eine ganzheitliche Sicht auf die Leistung und das Verhalten eines Mitarbeiters oder einer Mitarbeiterin, da sie unterschiedliche Perspektiven berücksichtigt. Die Hauptvorteile des 360-Grad-Feedbacks sind die Förderung der Selbstwahrnehmung und die Identifikation von Entwicklungsbereichen, die möglicher-weise von einer einzelnen Feedbackquelle übersehen werden könnten.
- SBI-Methode (Situation-Behavior-Impact): Die SBI-Methode ist eine strukturierte Feedbacktechnik, die sich auf drei Hauptkomponenten konzentriert:
  - Situation: Beschreibt die spezifische Situation oder den Kontext des beobachteten Verhaltens.
  - Behavior: Beschreibt das genaue Verhalten, das beobachtet wurde.
  - Impact: Erläutert die Auswirkungen dieses Verhaltens auf das Team oder die Organisation.
Ein Beispiel für die SBI-Methode könnte folgendermaßen aussehen:

- Situation: „Während des letzten Teammeetings am Montag ..."
- Behavior: „hast du mehrfach unterbrochen, während andere sprachen."
- Impact: „Das führte dazu, dass einige Teammitglieder ihre Gedanken nicht vollständig ausdrücken konnten und das Meeting länger dauerte als geplant."

- Die STAR-Methode (Situation-Task-Action-Result): Ähnlich wie die SBI-Methode bietet die STAR-Methode eine weitere strukturierte Herangehensweise:
  - Situation: Beschreibt die Situation oder den Kontext.
  - Task: Erläutert die spezifische Aufgabe, die erledigt werden musste.
  - Action: Beschreibt die Maßnahmen, die ergriffen wurden.
  - Result: Erläutert die Ergebnisse der Handlungen.

Ein Beispiel:

- Situation: „In unserem letzten Projekt …"
- Task: „war es deine Aufgabe, die Präsentation vorzubereiten."
- Action: „Du hast die Präsentation gründlich recherchiert und visuell ansprechend gestaltet."
- Result: „Das führte dazu, dass unser Team den Kunden überzeugen konnte und wir den Auftrag erhalten haben."(Schmidt Strategie 2025)

Mit diesen Methoden sollte es dir leichter fallen konstruktives Feedback zu geben. Doch mindestens genauso wichtig wie das Geben von Feedback ist das konstruktive Empfangen dessen. Darum folgen nun hierzu die wichtigsten Aspekte.

Feedback annehmen
- Offenheit für Kritik zeigen: Sei offen für Feedback und betrachte es als Gelegenheit zur Verbesserung, nicht als Kritik. Akzeptiere Rückmeldungen mit einer positiven Einstellung und ohne Verteidigungshaltung.
- Fragen stellen und Klarheit schaffen: Stelle – wenn die oder der Feedbackgeber:in fertig ist – Fragen, um sicherzustellen, dass du das Feedback vollständig verstanden hast. Klärende Fragen helfen, Missverständnisse zu vermeiden und die genauen Erwartungen zu kennen.
- Konkrete Maßnahmen planen: Erstelle einen Aktionsplan basierend auf dem Feedback, das du annehmen möchtest. Definiere konkrete

Schritte, die du unternehmen kannst, um die angesprochenen Bereiche zu verbessern.

• Fortschritt überwachen: Überwache regelmäßig deinen Fortschritt und passe deine Maßnahmen bei Bedarf an. Bitte du bei Gelegenheit um erneutes Feedback, um sicherzustellen, dass du auf dem richtigen Weg bist (Schmidt Strategie 2025).

Mit diesen Punkten im Hinterkopf steht nichts mehr zwischen dir und konstruktivem Feedback. Also sei mutig und sprich an, was du gerne verbessern möchtest.

3.3.5 Gehaltsverhandlung

Wenn du schon eine gewisse Zeit in deiner Rolle tätig bist, ist es wichtig, in regelmäßigen Abständen (1–2 Mal im Jahr) dein Gehalt zu verhandeln. Dabei brauchst du dich nicht schlecht oder gierig zu fühlen, Gehaltsanpassungen gehören zu deiner Arbeit dazu und sind ein Zeichen von Wertschätzung. Besonders Frauen tun sich bisher noch schwerer mit diesem Thema. Laut dem Arbeitsmarktservice Österreich fordern Frauen viel seltener Gehaltsverhandlungen ein als Männer: Laut einer Studie haben sogar 44 % aller Frauen noch nie um eine Gehaltsverhandlung angefragt, bei den Männern sind es 26 %.

> Be the change und verhandle selbstsicher dein Gehalt!

Doch wie geht das konkret und was gilt es dabei zu beachten? Darum soll es im Folgenden gehen (Munich Business School 2025):

Vorbereitung

• Marktforschung betreiben: Recherchiere den Durchschnittslohn für deine Position in deiner Region, z. B. über Plattformen wie Glassdoor, Indeed oder den FiT Gehaltsrechner des AMS. Auch den jeweiligen Kollektivvertrag solltest du gut kennen. Je mehr Informationen du darüber einholst, umso gestärkter kannst du in der Gehaltsverhandlung deine Argumente vorbringen.

- Leistungsprotokoll führen: Einige Wochen oder Monate vor einer Gehaltsverhandlung solltest du mit einem Leistungsprotokoll beginnen. Notiere dir, was du den Tag über machst. Das hilft dir, bei der Gehaltsverhandlung klar formulieren zu können, was deine Arbeitsleistung ist.
- Argumente sammeln: Bereite aus deinem Leistungsprotokoll heraus konkrete Beispiele vor, die deine Leistung und deinen Mehrwert für das Unternehmen belegen. Das können zusätzliche Aufgaben, erreichte Ziele, neue Qualifikationen oder Ähnliches sein.
- Gesamtpaket betrachten: Berücksichtige neben dem Gehalt auch andere Vorteile wie Boni, Urlaubstage, flexible Arbeitszeiten oder Weiterbildungsangebote. Auch diese kannst du rausverhandeln.
- Gehaltsverhandlung üben: Über das eigene Gehalt und die Arbeitsleistung spricht und verhandelt man nicht jeden Tag. Es ist deshalb sehr hilfreich, Gehaltsverhandlungen vorab zu üben. Das kannst du beispielsweise mit Familienmitgliedern, im Freundeskreis, mit der präferierten KI oder durch ein spezielles Training für Gehaltsverhandlungen üben.
- Passende Kleidung wählen: Deine Kleidung soll dir Sicherheit geben, um deine Gehaltsvorstellungen einzufordern. Wähle also Kleidung, die Sachlichkeit und Professionalität vermittelt und in der du dich wohlfühlst. Das verschafft dir zusätzliches Selbstbewusstsein.

Gesprächsführung
- Einen konkreten Termin festlegen: Kündige die Gehaltsverhandlung deiner Führungskraft an und bitte sie oder ihn um einen Termin. Achte auf das passende Setting. Gehaltsverhandlungen sollten niemals nebenbei abgehalten werden. Auch informelle Anlässe wie Weihnachtsfeiern sind für eine Gehaltsverhandlung tabu. Plane deine Gehaltsverhandlung bewusst, beispielsweise nachdem du ein berufliches Ziel erreicht oder ein Projekt umgesetzt hast.
- Selbstbewusst auftreten: Sprich mit Überzeugung, ohne arrogant zu wirken. Vermeide übermäßige Entschuldigungen oder Unsicherheiten.

Selbstbewusst aufzutreten bedeutet auch, Augenkontakt zu halten, den Rücken gerade zu halten und beide Füße am Boden zu haben. Achte darauf, den Kopf gerade zu halten. Besonders Frauen tendieren in Gesprächen dazu, den Kopf zur Seite zu neigen.

- Positive Sprache verwenden: Formuliere deine Forderungen als Vorteile für das Unternehmen und bleib konstruktiv. Selbstbewusstsein vermittelst du in Gehaltsverhandlungen auch mit den richtigen Formulierungen. Achte darauf, Phrasen im Konjunktiv wie „Ich würde gerne mit dir über mein Gehalt sprechen" oder Verniedlichungen wie „Mir geht es nur um eine kleine Gehaltserhöhung" zu vermeiden. Auch kann es helfen, bewusst das Wort „Gehaltsanpassung" zu verwenden. Damit signalisierst du, dass dein Gehalt an deine tägliche Arbeitsleistung angepasst werden soll.

Strategien
- Konkrete Zahlen nennen: Gib eine präzise Gehaltsvorstellung anstatt einer vagen Spanne an.
- Flexibilität zeigen: Signalisiere Offenheit für alternative Formen der Vergütung, wie z. B. gestaffelte Gehaltserhöhungen.
- Pause einlegen: Lasse deinem Gegenüber Zeit, auf deine Forderungen zu reagieren.

Wenn du diese Aspekte berücksichtigst, bist du gut für deine nächste Gehaltsverhandlung gewappnet. Doch da deine Führungskraft die Interessen des Unternehmens vertritt und da meist darauf bedacht ist möglichst viele Kosten zu sparen, kann es zu Gegenargumenten kommen. Wie du diese meistern kannst, wird nun besprochen (AMS Österreich 2024f):

Umgang mit Gegenargumenten
Deine Argumente können noch so gut sein, dein:e Gesprächspartner:in wird Gegenargumente nennen. Dazu zählen beispielsweise:

- „Das Budget ist zu knapp" oder
- „Die wirtschaftliche Lage ist gerade zu unsicher".

Sieh das einfach als einen Verhandlungsschritt und gib nicht gleich nach. Es geht weiterhin darum, eine Lösung zu finden. Eine mögliche Reaktion darauf kann sein, vom maximalen Gehaltswunsch etwas abzuweichen oder einen Stufenplan zu entwickeln, bis wann deine gewünschte Gehaltserhöhung oder andere Möglichkeiten der Leistungsanerkennung umgesetzt wird.

Reaktion auf Killerphrasen

Es kann auch vorkommen, dass sich dein:e Gesprächspartner:in nicht um eine plausible Argumentation bemüht, sondern auf deine Gehaltsvorstellungen mit sogenannten „Killerphrasen" reagiert. Das sind beispielsweise Aussagen wie:

- „Deine Gehaltsforderungen sind einfach nicht bezahlbar" oder
- „Deine Gehaltswünsche sind zu hoch, die kann ich gegenüber deinen Kolleg:innen nicht rechtfertigen".

Wichtig ist, sich davon nicht verunsichern zu lassen, sondern zu vermitteln, dass du deine Gehaltsforderungen ernst meinst. Als Reaktion kannst du deine Informationen aus der Vorbereitung präsentieren, um aufzuzeigen, wie viel du in der Branche verdienen kannst. Du kannst auch erklären, was du alles für das Unternehmen leistest und dass diese Leistung zum Erfolg des Unternehmens beiträgt. Im Gegenzug kannst du auch dein Gegenüber um Lösungsvorschläge bitten.

Bleibe auf jeden Fall das ganze Gespräch über freundlich, aber bestimmt. Damit vermittelst du, dass du deine Forderungen ernst meinst und an einer Lösung interessiert bist.

3.3.6 Formelle und informelle Machtstrukturen

Wer in einem Unternehmen formell wofür zuständig ist, zeigt dir das Organigramm des Unternehmens. Ein Organigramm ist dabei die grafische Darstellung der organisatorischen

Einheiten, der Aufgabenverteilung und der Kommunikations- und Führungsbeziehungen.

> Lasse dir von deiner:m Buddy oder Führungskraft die Unternehmens-organisation erklären, und frage dabei, wo du die Informationen dazu finden kannst.

Doch neben der offiziellen Struktur bildet sich in jedem Unternehmen auch eine inoffizielle Machtstruktur heraus. Diese solltest du im Blick haben, wenn es darum geht, Themen und Projekte durchzusetzen. Denn oft scheitert ein Vorhaben daran, dass wichtige informelle Akteur:innen übersehen wurden. Darüber hinaus ist es auch für deine eigene Karriere wichtig, die informellen Strukturen zu kennen, um dich bei wichtigen Entscheider:innen im Unternehmen zu positionieren. In diesem Zusammenhang gibt es die Grundsätze der Unternehmensführung, also die Corporate Governance, sowie ihr Gegenstück, die Office Policy. Während die Corporate Governance die Gesamtheit aller Regeln, Vorschriften, Werte und Grundsätze, die für ein Unternehmen gelten, sowie die Bestimmungen, wie diese durch die Führung umgesetzt und überwacht werden sollen, umfasst die Office Policy die inoffiziellen Spielregeln.

Diese inoffiziellen Regeln führen manchmal zu schwierigen Situationen, wenn du beispielsweise mit deinem Thema bei deiner Führungskraft auf Widerstand stößt, und zwar nicht aus sachlichen Gründen, sondern weil diese unbekannte Vereinbarungen mit anderen Abteilungsleiter:innen getroffen hat, sich selbst nicht gegen deren oder dessen Führungskraft durchsetzen kann oder beweisen möchte, dass sie oder er das Sagen hat. Wie mächtig einzelne Personen sind, hängt also nicht nur von ihrer formellen Position ab, sondern auch von ihrer persönlichen Durchsetzungskraft. Du solltest deshalb die informellen Machtstrukturen kennen und nicht nur diejenigen in deine Themen einbeziehen, die formell dafür zuständig sind, sondern auch diejenigen, die bei einer Entscheidung eine gewichtige Stimme haben. Wenn du die informellen Strukturen kennst, kannst du ein intelligentes Netzwerk knüpfen und bei deiner Karriereplanung auf das richtige Pferd setzen.

> Arbeite an deinem Ruf, ein:e Expert:in zu sein und suche den persönlichen Kontakt zu einflussreichen Personen, um sie zu Verbündeten zu machen.

Die inoffiziellen Strukturen sind über Jahre hinweg gewachsen, können sich aber schnell ändern, wenn wichtige Player das Unternehmen verlassen oder andere Positionen einnehmen, bleibe also flexibel (Bohinc 2014, S. 83–89).

Abschließend lässt sich festhalten, dass so ein Arbeitsantritt herausfordernd sein kann und viele wichtige Weichen für deine berufliche Zukunft stellt. Es lohnt sich also, dich wirklich damit auseinanderzusetzen, wie du dabei auftreten und mit anderen interagieren möchtest, sowie vielfältige Wege der Informationsbeschaffung zu nutzen. Erst dann macht es Sinn, dich mit dem Feinschliff deines eigenen Arbeitsstils zu befassen.

3.3.7 Wenn die Stelle doch nicht die Richtige ist

Falls du in deinem Self-Assessment von Abschn. 3.3.1 herausgefunden hast, dass du in deiner aktuellen Stelle im Unternehmen nicht zufrieden bist, stehen dir nun ein paar Optionen zur Verfügung um (wieder) zufrieden zu werden. Du kannst nun in Abstimmung mit deiner Führungskraft Rahmenbedingungen nachschärfen, die die aktuelle Stelle für dich attraktiver machen, versuchen, intern zu wechseln und in einer anderen Rolle zu brillieren oder du kannst auch zum Entschluss kommen, dass du dich für ein anderes Unternehmen bewerben möchtest. Im Folgenden werden all diese Optionen beleuchtet.

Rahmenbedingungen nachschärfen
Wenn du in deiner aktuellen Rolle zwar unzufrieden bist, ihr aber noch eine Chance geben möchtest, könntest du wie folgt vorgehen:

1. Ursachen analysieren: Reflektiere, warum du unzufrieden bist. Mögliche Gründe könnten Aufgaben, Arbeitsumfeld, Kolleg:innen, Führung oder fehlende Entwicklungsmöglichkeiten sein. Stelle dir Fragen wie:

- Welche Aspekte meiner Arbeit gefallen mir?
- Was stört mich konkret?
- Wo liegen die größten Belastungen?
- Welche Bedingungen sind für mich unverhandelbar?

2. Gespräch mit der Führungskraft: Sprich offen mit deiner:m Manager:in über deine Unzufriedenheit und mögliche Lösungen. Präsentiere konkrete Vorschläge, wie deine Situation verbessert werden könnte, wie etwa durch neue Aufgaben, flexible Arbeitszeiten, mehr Homeoffice, oder eine Weiterbildung. Liegt es an deinen Kolleg:innen, arbeite gemeinsam mit deiner Führungskraft daran, Konflikte konstruktiv zu lösen und das Betriebsklima zu verbessern (z. B. durch offene Kommunikation oder Mediationsverfahren).

3. Perspektive ändern: Versuche, die Situation durch eine neue Sichtweise zu bewerten. Denn vergiss nicht: Du hast dich einst unglaublich über die Jobzusage gefreut, was ist seit dem anders? Lerne außerdem aus Herausforderungen und suche selbst nach Wegen zur Anpassung.

Intern wechseln

Wenn du dir sicher bist, dass du deine aktuelle Stelle nicht mehr ausüben möchtest, das Unternehmen aber nicht verlassen möchtest, empfiehlt es sich intern zu wechseln, ob in eine andere Abteilung oder nur in eine andere Rolle im aktuellen Team, das kommt ganz auf deine Wünsche, Ziele und Möglichkeiten an. Dabei kannst du wie folgt vorgehen:

1. **Reflexion und Zielsetzung**
   - Kläre deine Motivation: Überlege dir, warum du wechseln möchtest. Was erwartest du dir davon? Sind es neue Herausforderungen, Weiterentwicklung, oder eine bessere Work-Life-Balance?
   - Ziele definieren: Identifiziere die gewünschte Position oder Abteilung und überlege dir, wie diese zu deinen langfristigen Karrierezielen passt.

2. **Recherche und Vorbereitung**
   - Interne Stellenangebote prüfen: Informiere dich über offene Positionen auf internen Plattformen oder durch Gespräche mit Kolleg:innen.
   - Netzwerk nutzen: Sprich mit Mitarbeiter:innen aus der Zielabteilung, um mehr über die Anforderungen und die Kultur zu erfahren.
   - Leistungen dokumentieren: Erstelle eine Liste deiner bisherigen Erfolge und Fähigkeiten, die für die neue Stelle relevant sind.

3. **Offene Kommunikation**
   - Gespräch mit der Führungskraft: Informiere deine aktuelle Führungskraft über deine Pläne, bevor du dich offiziell bewirbst. Erkläre dabei deine Beweggründe konstruktiv und zeige Respekt für deine aktuelle Rolle.
   - Karrieregespräch suchen: Nutze das Mitarbeiter:innengespräch oder informelle Meetings, um deine Ambitionen zu besprechen.

4. **Bewerbung und Argumentation**
   - Anpassung der Unterlagen: Passe deinen Lebenslauf und ein mögliches Bewerbungsschreiben an die Anforderungen der neuen Stelle an.
   - Stärken hervorheben: Betone in deiner Bewerbung, wie deine bisherigen Erfahrungen dem Unternehmen weiterhin zugutekommen.
   - Überzeugende Gründe nennen: Argumentiere klar, warum der Wechsel sinnvoll ist – z. B. berufliche Weiterentwicklung oder ein Beitrag zum Unternehmenserfolg.

5. **Professionelles Verhalten**
   - Diskretion wahren: Halte den Wechselwunsch zunächst intern und vermeide es, Gerüchte zu streuen.
   - Übergabe planen: Signalisierte Bereitschaft, deine aktuelle Rolle sauber abzuschließen und den Übergang für das Team zu erleichtern.

Andere Organisation wählen

Solltest du nun zum Schluss gekommen sein, dass du weder die Rolle noch das Unternehmen beibehalten möchtest, wird es Zeit, sich nach externen Alternativen umzublicken.

Beginne eine gezielte Jobsuche und achte darauf, dass die nächste Stelle besser zu deinen Werten und Zielen passt.

1. **Selbstreflexion und Zielsetzung**
   - Definiere deine Wünsche: Überlege dir, welche Aufgaben, Arbeitsumfelder und Werte dir wichtig bzw. für dich richtig sind. Fragen wie „Welche Aufgaben bereiten mir Freude?" oder „Welche Unternehmenswerte sind mir wichtig?" helfen dabei.
   - Prioritäten setzen: Erstelle eine Liste deiner Anforderungen (z. B. Gehalt, Standort, Benefits, Werte) und gewichte diese nach ihrer Wichtigkeit.
2. **Vorbereitung der Bewerbungsunterlagen**
   - Lebenslauf aktualisieren: Stelle sicher, dass dein Lebenslauf klar, strukturiert und auf die angestrebte Position zugeschnitten ist.
   - Bewerbungsschreiben optimieren: Passe dein Bewerbungsschreiben individuell an jede Bewerbung an und hebe dabei deine relevanten Fähigkeiten hervor.
   - Online-Profile pflegen: Aktualisiere (falls vorhanden) deine Profile auf Plattformen wie LinkedIn oder Xing, um von Recruiter:innen gefunden zu werden.
3. **Stellensuche**
   - Initiativbewerbungen: Bewirb dich auch bei Unternehmen ohne ausgeschriebene Stellen – viele Positionen werden über den verdeckten Stellenmarkt besetzt.
   - Online-Plattformen nutzen: Suche gezielt auf Jobbörsen, wie in Abschn. 2.2.2 vorgestellt, nach passenden Stellen.
   - Netzwerk aktivieren: Informiere Freund:innen, Familie und Kolleg:innen über deine Jobsuche und besuche Netzwerkevents. Oft ergeben sich durch persönliche Kontakte ungeahnte Möglichkeiten.

Nutze dein Netzwerk und informiere deine Kontakte über deine Suche nach neuen Möglichkeiten.

4. **Geduld und Nachverfolgung**
- Zeit einplanen: Die Jobsuche kann mehrere Monate dauern – bleibe also geduldig und konsequent.
- Nachfassen: Kontaktiere die Unternehmen nach Bewerbungen oder Interviews, um dein Interesse zu bekräftigen (Workwise 2025).

3.3.8 Mitarbeiter:innengespräch

Ein Mitarbeiter:innengespräch ist ein strukturiertes, meist regelmäßig stattfindendes Gespräch zwischen einer Führungskraft und einer:m Mitarbeiter:in. Es dient dazu, Leistung, Ziele, Entwicklungsmöglichkeiten und die Zusammenarbeit zu besprechen. Dabei soll eine offene Kommunikation gefördert werden, um sowohl die Motivation als auch das Arbeitsklima zu verbessern. Du solltest dich also keinesfalls davor fürchten, denn es ist eine Möglichkeit zum konstruktiven Austausch. Um dir die Scheu davor weiter zu nehmen, folgt nun ein Überblick, wie es aussehen könnte.

Vorbereitung auf das Mitarbeiter:innengespräch (Jobs Standard 2019)
- Vorbereitung: Notiere dir Erfolge, Herausforderungen und Ziele im Vorfeld. Überlege dir dabei auch, welche Entwicklungsmöglichkeiten du ansprechen möchtest.
- Konstruktive Kritik: Bringe Verbesserungsvorschläge sachlich vor und vermeide Schuldzuweisungen.
- Ziele formulieren: Überlege dir realistische Ziele, die du gemeinsam mit deiner Führungskraft vereinbaren möchtest.
- Proaktiv sein: Bringe eigene Ideen ein und nutze das Gespräch, um deine Perspektiven im Unternehmen zu klären.

Ablauf eines Mitarbeiter:innengesprächs
Der Ablauf folgt in der Regel einer klaren Struktur, die folgende Phasen umfasst (HR Heute 2025):

1. Begrüßung und Gesprächseinleitung
   - Aufbau einer angenehmen Atmosphäre.
   - Vorstellung des Gesprächsablaufs und der Ziele.
2. Rückblick und Ist-Analyse
   - Besprechung der bisherigen Leistungen, Learnings und Erfolge.
   - Feedback zur Arbeitsweise und Zielerreichung.
3. Zukunftsplanung und Zielvereinbarung
   - Definition neuer Ziele für die kommenden Monate oder das nächste Jahr.
   - Planung von Entwicklungsmaßnahmen wie Weiterbildungen oder neue Aufgabenbereiche.
4. Diskussion offener Fragen
   - Klärung von Anliegen der Mitarbeiterin bzw. des Mitarbeiters oder der Führungskraft.
   - Raum für konstruktive Kritik und Verbesserungsvorschläge.
5. Abschluss und Nachbereitung
   - Zusammenfassung der Ergebnisse und Vereinbarungen.
   - Schriftliche Dokumentation der besprochenen Punkte.

Ein gut geführtes Mitarbeiter:innengespräch bietet die Chance, die Zusammenarbeit zu stärken, deine Motivation zu fördern und klare Perspektiven für die Zukunft zu schaffen – nutze es also gut, um deine Anliegen zu besprechen.

4

Meistere deinen Arbeitsstil

Sehr fein! Nun, wo du weißt, wie du deine Bewerbung meistern und dich bestmöglich auf deinen Arbeitsantritt vorbereiten kannst, beschäftigen wir uns im nächsten Schritt damit, wie du deinen persönlichen Arbeitsstil meistern kannst, um langfristig erfolgreich zu sein. Dazu werden im ersten Schritt die Voraussetzungen für Produktivität geklärt, dann wird das Thema Zeitmanagement näher beleuchtet. Zum Abschluss wird skizziert, wie du deinen Arbeitsstil kontinuierlich verbessern kannst.

Denn wer die eigene Arbeit gut erledigt, bekommt auf lange Sicht auch anspruchsvollere Projekte mit mehr Verantwortung zugeteilt. Gute Arbeit zu leisten und entsprechende Ergebnisse abzuliefern ist, neben dem im vorherigen Kapitel diskutierten Auftreten, für die Karriere von großer Bedeutung. Du solltest deshalb unbedingt herausfinden, welche Erwartungen dein:e Vorgesetzte:r an dich hat. Frage dies am besten direkt nach, falls sie nicht klar kommuniziert werden. Dabei gilt zu beachten: etwas mehr an Qualität oder Quantität bei gleichbleibender Qualität zu liefern, als von dir erwartet wird, kann nie schaden (Schrammel 2022, S. 67–69).

© Der/die Autor(en), exklusiv lizenziert an Springer Fachmedien Wiesbaden GmbH, ein Teil von Springer Nature 2025
I. Muche, *Erfolgreicher Einstieg in den österreichischen Arbeitsmarkt*,
https://doi.org/10.1007/978-3-658-48941-0_4

4.1   Voraussetzungen für Produktivität

Damit du gute Arbeit leisten kannst, gibt es ein paar Voraussetzungen für Produktivität, die du dabei beachten solltest. Diese werden im Folgenden kurz vorgestellt.

4.1.1   Selbstbewusstsein und Selbstreflexion

Produktivität ist nicht nur ein Thema von Zeitmanagement. Sie beginnt viel früher – nämlich bei uns selbst. Wer sich selbst kennt, die eigenen Stärken und Schwächen benennen kann und bereit ist, sich regelmäßig zu reflektieren, schafft die besten Voraussetzungen für effizientes Arbeiten. Im Folgenden geht es darum, wie Selbstbewusstsein und Selbstreflexion zur Produktivität beitragen und wie du diese Fähigkeiten in deinem Arbeitsalltag gezielt stärken kannst.

Selbstbewusstsein bedeutet, sich der eigenen Persönlichkeit, Werte, Fähigkeiten und Grenzen bewusst zu sein. Es ist die Basis für authentisches Handeln und klare Entscheidungen im Berufsalltag. Wer sich der eigenen Stärken bewusst ist, kann diese gezielt einsetzen. Wer um die eigenen Schwächen weiß, kann besser mit ihnen umgehen – sei es durch Entwicklung, Delegation oder die bewusste Wahl eines passenden Umfelds. Dabei hilft uns ein realistisches Selbstbild dabei, Prioritäten zu setzen, Grenzen zu kommunizieren und Entscheidungen im Einklang mit den eigenen Zielen und Bedürfnissen zu treffen. Menschen mit einem hohen Maß an Selbstbewusstsein lassen sich weniger von äußeren Erwartungen steuern und arbeiten dadurch fokussierter und zielgerichteter. Wie haben uns im zweiten Kapitel bereits mit der Arbeit im Inneren beschäftigt, nun soll es konkret um diese im Zusammenhang mit dem Arbeitsalltag gehen. Folgende Fragen können dir dabei helfen:

Fragen zum bewussten Selbst im Arbeitsalltag
- Was fällt mir im Arbeitsalltag leicht? Worin gehe ich auf?
- Wann mache ich welche Art der Arbeit am besten?
- Wofür bekomme ich regelmäßig positive Rückmeldungen?

- Welche Aufgaben empfinde ich als besonders anstrengend oder unangenehm?
- Wie reagiere ich unter Stress oder Zeitdruck?
- Wann bin ich besonders konzentriert und motiviert – und warum?
- Welche meiner Eigenschaften fördern gute Zusammenarbeit? Welche stehen ihr manchmal im Weg?
- Welche Denk- oder Verhaltensmuster erkenne ich bei mir – und wo behindern sie mich?

Nimm dir regelmäßig Zeit – z. B. einmal pro Woche oder nach herausfordernden Situationen – um über diese Fragen nachzudenken. Du kannst sie auch mit vertrauten Kolleg:innen, deiner:m Buddy oder Mentor:innen besprechen, um ein differenziertes Bild zu erhalten.

Darüber hinaus ist Selbstreflexion die Fähigkeit, das eigene Denken, Fühlen und Handeln zu hinterfragen. Sie ist ein zentrales Werkzeug, um aus Erfahrungen zu lernen und die eigene Effizienz zu verbessern. Statt im Autopilot durch den Arbeitsalltag zu hetzen, hilft dir Selbstreflexion, innezuhalten und bewusst im Hier und Jetzt deine Aufmerksamkeit zu steuern.

Ein hilfreiches Tool hierfür ist das Reflexionsjournal: Notiere am Ende eines Arbeitstages oder einer Woche kurz, was gut gelaufen ist, was du anders machen würdest und was du daraus gelernt hast. Schon wenige Minuten regelmäßiger Reflexion können langfristig einen großen Unterschied machen. Dafür eignen sich zum Beispiel die folgenden Reflexionsfragen:

Reflexionsfragen im Arbeitsalltag
- Was lief heute gut?
- Was hat mich gestresst – und warum?
- Wie kann ich das morgen anders machen?
- Was brauche ich, um konzentriert zu arbeiten?

Produktivität beginnt mit Selbsterkenntnis. Wer sich selbst versteht, arbeitet nicht härter – sondern klüger.

4.1.2 Ordnung halten

Dein Arbeitsumfeld kann deinen persönlichen Arbeitsbereich im Unternehmen jederzeit sehen. Unordnung, oder auch vermeintlich kreatives Chaos, macht auf eine:n außenstehende:n Betrachter:in keinen besonders professionellen Eindruck. Ein strukturierter und aufgeräumter Arbeitsplatz dagegen schon. Dein Umfeld kann durch die Ordnung und Sauberkeit an deinem Arbeitsplatz Rückschlüsse auf die Qualität deiner Arbeit ziehen – ob dies nun gerechtfertigt ist oder nicht. Deshalb solltest du unbedingt darauf achten, deinen Arbeitsplatz und alle Bereiche, die dir beruflich zur Verfügung gestellt werden, stets sauber und ordentlich zu halten. Dies lässt sich schaffen, indem man sich im Zweifel lieber etwas mehr Zeit zum Aufräumen lässt als zu wenig.

Achte auch beim Abarbeiten deiner Tasks auf eine gewisse Ordnung und Struktur. Das beginnt bereits beim Abspeichern wichtiger Unterlagen und beinhaltet auch eine saubere, strukturierte Projektarbeit und Ergebnisaufbereitung. Auf diese Weise machst du es auch anderen leichter, deinen Überlegungen zu folgen und deine Ergebnisse nachzuvollziehen. Zudem findest du dich so auch selbst wieder schneller und leichter in ein Thema ein, wenn du dich nach etwas zeitlichem Abstand wieder damit befasst (Schrammel 2022, S. 72).

4.1.3 Selbstorganisation

Ein wichtiger Skill, wenn es um das Erbringen von guter Arbeitsleistung geht, ist die Selbstorganisation. Zur Verbesserung deiner Selbstorganisation und somit deiner Arbeitsweise und Arbeitsergebnisse empfehlen sich die effektiven Hilfsmittel To-Do-Liste sowie Kalender, die im Folgenden näher erklärt werden:

To-do-Liste Bei der Selbstorganisation können To-do-Listen ein kraftvolles Hilfsmittel darstellen und dir schnell und unkompliziert einen Überblick über deine noch ausstehenden Aufgaben verschaffen. Hierzu notiert man sich stichpunktartig auf einem Zettel, ein Post-it oder in digitaler Form, was man noch alles abarbeiten muss. Dabei lassen sich die einzelnen Aufgaben auch gut nach Thema und Dringlichkeit sortieren. Erledigte Aufgaben kann man dann abhaken oder durchstreichen. Auf diese Weise muss man nicht befürchten, etwas Wichtiges zu vergessen.

Digitale Kalender Ein weiteres nützliches Tool zur Selbstorganisation sowie zur Planung deiner Arbeitszeit und Ressourcen ist ein digitaler Kalender. Hierzu werden in vielen Unternehmen Programme verwendet, die sowohl eine E-Mail- als auch eine Kalenderfunktion besitzen, wie beispielsweise Outlook oder Google Dienste. Mit Hilfe digitaler Kalender kann man die zeitliche Verfügbarkeit von Kolleg:innen ganz einfach überprüfen und Terminanfragen beziehungsweise (virtuelle) Besprechungseinladungen zeitlich so senden, dass jede:r verfügbar ist. Darüber hinaus ist es ratsam, sich Zeiten im Kalender zu blockieren, um bestimmte Themen abzuarbeiten. In dieser Zeit wird man den Kolleg:innen als nicht verfügbar für weitere Besprechungsanfragen angezeigt und kann ungestört der eigentlichen Arbeit nachgehen. Auf diese Weise kannst du deine Wochenarbeitszeit gezielt strukturieren und planen (Schrammel 2022, S. 74–75).

4.1.4 Eigenverantwortliches Arbeiten

Bevor du eine Aufgabe beginnst, stelle sicher, dass du alle nötigen Informationen hast und das Ziel klar ist. Kläre dafür folgende Punkte:

- Was genau ist zu tun?
- In welchem Umfang?
- Bis wann?

Überwache deinen Fortschritt regelmäßig, um rechtzeitig auf Probleme zu reagieren. Wenn Verzögerungen drohen, informiere sofort deine:n Vorgesetzte:n, damit rechtzeitig Maßnahmen ergriffen werden können. Probleme sind oft unvermeidbar, aber es liegt in deiner Verantwortung, frühzeitig darauf hinzuweisen und Unterstützung zu suchen (Schrammel 2022, S. 75–76).

4.1.5 Kommunikations- und Kooperationsfähigkeiten

In modernen Arbeitswelten ist Produktivität oft ein Teamerfolg und dieser steht und fällt mit der Qualität der Kommunikation und Zusammenarbeit. Denn Kommunikation ist das Verbindungsglied zwischen Menschen, Aufgaben und Zielen. Wer klar kommuniziert, kann nicht nur Missverständnisse vermeiden, sondern auch Arbeitsprozesse beschleunigen, Verantwortung besser verteilen und Vertrauen im Team stärken.

Doch was bedeutet gute Kommunikation im Arbeitsalltag?
- Gedanken und Erwartungen präzise ausdrücken
- Zuhören können und aktiv nachfragen
- Feedback geben und annehmen
- den passenden Kanal für die jeweilige Botschaft wählen (z. B. E-Mail vs. kurzes Meeting)
- Zuständigkeiten klar verteilen
- Probleme frühzeitig besprechen
- Informationen transparent teilen

Ein gemeinsames Verständnis von Kommunikation bzw. einem guten Umgang spart dabei Zeit, senkt die Fehlerquote und sorgt dafür, dass alle in die gleiche Richtung arbeiten.

> Die Balance macht's: Produktivität entsteht nicht durch ständiges Zusammensitzen, sondern durch den Wechsel zwischen fokussierter Einzelarbeit und gezielter Teamarbeit.

Ein häufiges Missverständnis ist, dass Teamarbeit immer besser sei. Doch: Nicht jede Aufgabe gehört ins Meeting, nicht jedes Problem muss im Plenum gelöst werden. Zu diesem Zweck haben wir im vorherigen Abschnitt das eigenverantwortliche Arbeiten diskutiert. Um dies mit der Teamarbeit zu verbinden, können folgende Aspekte hilfreich sein:

• Setze dir klare Einzelziele, bevor du in die Kommunikation mit dem Team gehst.
• Kommuniziere regelmäßig, aber nicht übermäßig. Nutze „asynchrone Kommunikation" (z. B. via Tools, denn diese können Meetings weitgehend ersetzen).
• Nutze Teamzeiten für Austausch, Entscheidungshilfen sowie kreative Prozesse und nicht nur für Statusupdates.

Wer klar und respektvoll kommuniziert, wer sich selbst gut organisiert und gleichzeitig offen für Zusammenarbeit ist, legt den Grundstein für einen effizienten und gesunden Arbeitsalltag. Du möchtest wissen, wie gut du bereits kommunizierst bzw. wie du Teamarbeit erlebst? Dann beantworte die folgenden Fragen in Ruhe und ehrlich zu dir selbst:

Kommunikations-Assessment
• Wie klar bin ich in meiner Kommunikation? Versteht mein Gegenüber meist direkt, was ich meine?
• Wie gut kann ich zuhören, ohne gleich zu antworten oder zu bewerten?
• Traue ich mich, Feedback zu geben und dieses auch einzufordern?
• Welche Kommunikationskanäle nutze ich hauptsächlich und passen sie zur Situation?
• Gab es in letzter Zeit ein Missverständnis? Was hätte ich anders kommunizieren können?

Teamarbeits-Assessment
• Wann fällt mir Zusammenarbeit leicht – und wann schwer?
• Wie gut gelingt mir der Wechsel zwischen eigenständigem Arbeiten und Teamarbeit?

- Wie gehe ich mit Meinungsverschiedenheiten im Team um?
- Vertraue ich meinen Kolleg:innen – und fühlen sie sich bei mir gut aufgehoben?
- Wie klar sind Rollen und Zuständigkeiten in meinem aktuellen Team?

4.1.6 Die eigenen Grenzen kennen, wahren und kommunizieren

Wer sich der eigenen Leistungsgrenzen nicht bewusst ist, läuft Gefahr, sich – ohne es zu merken – zu viel zuzumuten. Jeder Mensch hat nur eine begrenzte Anzahl an Ressourcen zur Verfügung und irgendwann kann es jeder:m zu viel werden. Um Überlastung und Burn-out zu vermeiden, ist es wichtig, die eigenen Leistungsgrenzen zu kennen und auf die Gesundheit zu achten. Wer zu viel arbeitet, riskiert, in einen Teufelskreis aus Stress, Schlafmangel und Fehlern zu geraten. Auch ambitionierte Ziele sollten nicht auf Kosten der Gesundheit gehen. Wenn dein:e Vorgesetzte:r dir immer mehr Aufgaben zuteilt und du merkst, dass du dadurch allmählich an deine Kapazitätsgrenzen stößt, solltest du sie oder ihn darauf hinweisen und nicht zu lange schweigen, nur weil du alles richtig machen willst. Manchmal ist es eben das Richtige, ein offenes Gespräch zu suchen und ehrlich zu sein. Es ist kein Zeichen von Schwäche, Aufgaben abzugeben oder deine:n Vorgesetzte:n auf Überlastung hinzuweisen – im Gegenteil, es zeigt Verantwortungsbewusstsein und hilft, langfristig produktiv zu bleiben (Schrammel 2022, S. 78–79).

> Grenzen zu wahren ist kein Zeichen von Schwäche, sondern ein Akt der Selbstverantwortung und eine der wichtigsten Voraussetzungen für langfristige Effizienz und Gesundheit.

Grenzen helfen uns also, unsere Energie gezielt einzusetzen. Darüber hinaus schaffen sie Raum für Erholung, Konzentration und Fokus. Wer seine eigenen physischen, emotionalen und mentalen Kapazitäten kennt, kann Überforderung vermeiden und nachhaltiger gesund arbeiten.

Grenzen zu setzen ist somit, wie bereits betont, kein Hindernis für Leistung, sondern die Voraussetzung dafür. Nur wer Pausen macht, kann wieder Kraft schöpfen. Nur wer „Nein" sagt, schafft Raum für das „Ja" zu den wirklich wichtigen Aufgaben. Nur wer auf sich achtet, kann auch langfristig für andere da sein. Doch wie verändert sich dein Arbeitsalltag, wenn du deine eigenen Grenzen kennst bzw. was riskierst du, wenn du deine Grenzen nicht kennst?

Wenn du deine Grenzen kennst, kannst du
- realistische Ziele setzen
- besser priorisieren
- klarer kommunizieren
- Erschöpfung vorbeugen

Wenn du deine Grenzen nicht kennst, riskierst du
- ständiges Überarbeiten
- schlechtes Zeitmanagement
- Frust und innere Kündigung
- gesundheitliche Folgen

Doch wie merkst du, ob du gerade deine Grenzen überschreitest? In einer Welt, in der wir eher dazu ermutigt werden, über unsere eigenen Grenzen zu gehen, anstatt sie zu wahren, kann es anfangs schwer sein, auf sie zu hören. Deshalb folgen nun Anzeichen dafür, dass du deine Grenzen überschreitest:

- Du fühlst dich dauerhaft müde oder gereizt
- Du sagst zu oft „Ja", obwohl du „Nein" meinst
- Du arbeitest regelmäßig über deine Zeit oder Kapazität hinaus
- Du hast kaum noch Zeit für Pausen oder Privates
- Du merkst, dass deine Qualität leidet – aber du machst weiter

Es ist wichtig zu betonen, dass Grenzen ganz individuell sind. Somit gibt es keine allgemeingültige Checkliste, die du befolgen kannst, aber du kannst lernen, deine eigenen Signale wahrzunehmen. Achte dabei auf:

- **Körperliche Signale:** Kopfschmerzen, Verspannung, Schlafprobleme
- **Emotionale Reaktionen:** Frust, Gereiztheit, Überforderung
- **Gedankenmuster:** „Ich muss das noch fertig machen", „Ich darf jetzt keine Pause machen"
- **Zeitliche Muster:** Wann bist du produktiv? Wann brauchst du Regeneration?

Grenzen sind nur wirksam, wenn du sie auch nach außen vertrittst. Dabei geht es nicht um Härte, sondern um Klarheit. Du musst also lernen deine Grenzen, wie auch alles andere für deinen Job relevante, zu kommunizieren.

Beispiele für klare Kommunikation von Grenzen

- „Ich kann das heute nicht mehr übernehmen, da ich meine Kapazität erreicht habe."
- „Ich brauche bis morgen Zeit, um das in der Qualität zu liefern, die ich anstrebe."
- „Ich nehme mir gerade eine Pause, danach bin ich wieder voll da."

> Wer Grenzen setzt, ermöglicht Zusammenarbeit auf Augenhöhe – statt sich selbst (und oft auch andere) zu überfordern.

Produktivität ist also kein Dauerlauf ohne Pause. Sie entsteht dort, wo Klarheit, Energie und Verantwortung zusammentreffen. Wenn du deine eigenen Grenzen kennst und wahrst, schützt du dich selbst und stärkt gleichzeitig die Qualität der Zusammenarbeit mit anderen. Grenzen zu setzen ist also alles andere als egoistisch, es ist essenziell.

4.1.7 Soforthilfe bei innerem Druck & Warnsignale

Zuletzt ist eine Voraussetzung für Produktivität, dass es dir gut geht. Denn wenn das nicht so ist, leidet nicht nur die Arbeitsleistung – wir riskieren es auch, ernsthaft krank zu werden. Jetzt geht es also darum, inneren Druck zu identifizieren, damit umzugehen und die eigenen Warnsignale frühzeitig zu erkennen.

Spür also gerne mal nach, was du gerade fühlst. Fühlst du dich gestresst und angespannt? Bist du auf jemanden böse? Ärgerst du dich über etwas? Oder platzt du fast vor Wut? Sobald du inneren Druck bemerkst, solltest du für Entlastung sorgen. Noch ganz früher konnten wir die Stresshormone in solchen Situationen durch Kampf oder Flucht abbauen. Heute geraten wir eher oft in eine Art Erstarrung, weil wir uns am Arbeitsplatz nicht angemessen körperlich und emotional abreagieren können. Deshalb folgen nun drei Übungen, um dich zu beruhigen (Länger 2018, S. 28–36).

Mentale Kurzentspannung
Verharre nicht in der Situation. Nimm die Emotionen an, aber gib dich den negativen Gefühlen, wie zum Beispiel Ärger und Wut, nicht zu lange hin, sondern baue deine Stressgefühle ab. Finde eine Ausdrucksmöglichkeit für diese unangenehmen Emotionen. Die folgenden Tipps helfen beim Loslassen, wähle aus was sich für dich stimmig anfühlt:

Mögliche Soforthilfe-Tipps
1. Öffne das Fenster und atme frische Luft ein.
2. Schaue aus dem Fenster und blicke in die Weite.
3. Atme betont lange und hörbar aus. Strecke dich. Bleibe dabei aufrecht – innerlich wie äußerlich.
4. Bestärke dich selbst: „Ich schaffe das.", „Eins nach dem anderen", „Alles ist gut".
5. Reagiere dich körperlich ab. Haue mit der Faust auf den Tisch, schlage ein Kissen, springe oder tanze.

6. Schreibe alles auf, was dich belastet. So fließen die Gedanken aus deinem Kopf. Das entlastet ungemein.
7. Unterbrich deine Arbeitstätigkeit – nimm dir frei oder mache eine längere Pause.
8. Laufe eine Runde oder gehe spazieren.
9. Rufe eine vertraute Person, eine:n Freund:in, um von deinen Gefühlen zu erzählen.

Das Positive erkennen

Du lernst, auch die positive Seite von schwierigen, belastenden Ereignissen zu sehen, kannst du mit dem nötigen Abstand sogar die Lernmöglichkeit darin erkennen und (nach einiger Zeit) sogar dankbar für die Erfahrungen sein. Mit den folgenden Fragen kannst du unangenehmen Situationen und Erlebnissen einen Nutzen oder einen Sinn zuordnen, ihren Schrecken nehmen oder ihre Bedeutung relativieren.

Frage	Nutzen
Was kann ich aus meiner aktuellen Situation lernen?	Gewinnt schwierigen Situationen positive Aspekte ab
Wie blicke ich in zehn Jahren auf die Situation zurück?	Der damit einhergehende Perspektivenwechsel entschärft die Situation und relativiert sie in ihrer Bedeutung
Was würde ich meine:r besten Freund:in in dieser Situation raten?	Der Rollenwechsel schafft Distanz zum Problem
Ist das wirklich so?	Unterzieht deine Wahrnehmung einem Realitäts-Check
Welche Gedanken helfen, die Situation zu meistern?	Hilft, aus einem negativen Gedankenkarussell auszusteigen und den Fokus auf das Förderliche zu richten
Was würde im schlimmsten Fall geschehen? Wie hoch ist die Wahrscheinlichkeit, dass der schlimmste Fall eintritt?	Entmachtet deine Katastrophen-Fantasien

Sollte dein Ärger und deine Gefühle von Ohnmacht längere Zeit, also mehrere Tage oder sogar Wochen anhalten und du in den Gesprächen mit den Kolleg:innen, im Team und den Vorgesetzten keine Besserung erlebst, lass dich am besten professionell dabei unterstützen (mehr dazu in Abschn. 4.3.4 Coaching).

Stoppmeditation

Für eine erste Orientierung und um zurück ins Hier und Jetzt zu kommen, kannst du die folgende Meditation ausprobieren:

Stelle dir vor deinem inneren Auge ein Stoppschild vor. Es muss nicht das klassische Stoppschild aus dem Straßenverkehr sein. Falls du damit etwas Negatives in Verbindung bringst, kannst du dir auch ein eigenes Fantasie-Schild überlegen. Stelle dir dieses Stoppschild immer dann vor, wenn du in negativen Gedanken verhaftet bist. Lass es ganz plötzlich erscheinen: Stopp! Bleibe stehen, sitzen, liegen und halte inne. Blicke auf das Schild und sortiere deine Gedanken mithilfe der folgenden Fragen:

- Was ist los? Was passiert gerade?
- Wie fühle ich mich?
- Was brauche ich jetzt?
- Was ist mein nächster Schritt?

Die Stoppmeditation kannst du immer und überall anwenden. Je öfter du dich damit kurz sortierst und zur Ruhe kommst, desto größer wird die Wirkung der Übung sein. Sie wird so zum Ritual, das für Klarheit sorgt und sich positiv auf deinen Erholungsnerv auswirkt.

Warnsignale erkennen

Chronischer Stress verursacht körperliche und psychische Warnsignale wie Verspannungen, Schlafstörungen, schlechte Laune oder Rückenschmerzen. Diese Signale sind gesunde Reaktionen des Körpers, die auf Überlastung hinweisen und uns vor Erschöpfung schützen können – wenn wir sie ernst nehmen. Stress ist grundsätzlich nicht negativ: In angemessener Dosis kann er aktivieren und motivieren. Ungesund wird er, wenn Erholungsphasen fehlen, Herausforderungen dauerhaft überfordern oder die Kontrolle verloren geht. Dauerstress kann sogar körperliche Entzündungen auslösen und das Risiko für schwere Erkrankungen erhöhen. Deshalb ist es wichtig, die eigenen Warnsignale zu kennen, nicht zu verdrängen und mit Entlastungsstrategien gegenzusteuern – als Akt der Selbstfürsorge. Ein Perspektivwechsel hilft, die Symptome nicht als Schwäche, sondern als hilfreiche Hinweise zu verstehen.

Lerne deine Warnsignale kennen

Eine gute Selbstfürsorge beginnt damit, deine körperlichen, psychischen, emotionalen und sozialen Warnsignale ernst zu nehmen. Verdränge die Symptome nicht (länger). Das bringt auf Dauer nichts. Sie tauchen immer wieder auf, denn dein Körper hat ein Gedächtnis. Oftmals genügt es bereits, die Signale als Reaktion auf Stress und Anspannung zu identifizieren und mit entsprechenden Entlastungsstrategien darauf zu antworten. Viele Symptome können damit wir selbst heilen.

Kreuze in der folgenden Checkliste diejenigen Signale an, die du bei dir in Phasen der Anspannung beobachtest. In den leeren Feldern kannst du weitere Warnsignale ergänzen.

Checkliste: Warnsignale

Körperliche Symptome	
Verspannungen	
Ohrgeräusche	
Rückenschmerzen	
Schlafstörungen	
Kopfschmerzen	
Infekte	
Herz-/Kreislaufprobleme	
Unfälle/Verletzungen	
Magen-/Darmbeschwerden	
Müdigkeit/Erschöpfung	

Psychisch-emotionale Signale	
Ängste	
Aggressionen/Wut	
Unruhe	
Gehetzt sein	
Weinen	
Zerrissenheit	
Verletzlichkeit	
Depressionen	
Selbstzweifel	
Schuldgefühle	

Soziale Verhaltensweisen	
Rückzug/Ruhebedürfnis	
Lustlosigkeit	
Häufige Konflikte	
Sturheit	
Anderen Vorwürfe machen	
Opferhaltung	
Vernachlässigung von Familie und Freundschaften	
Schlechte Laune	

Die Teilnehmenden meiner Gesundheitsseminare sind immer wieder erstaunt und erleichtert, dass sich bei vielen anderen ähnliche Warnsignale offenbaren. Sei also beruhigt: Du bist nicht die einzige Person, die Stresssymptome zeigt.

Sieh deine Symptome als gesunde Reaktion auf die Belastungen. Sie zeigen dir: Es geht nicht schneller, es ist genug, die Grenzen sind erreicht! Wirf dir nicht vor, diese Warnsignale zu haben. Das hilft nicht. Im Gegenteil: Du machst dir dadurch erneut Druck. Mit der folgenden Selbstreflexion gelingt es, eine andere Perspektive zu dir und deinen Symptomen einzunehmen.

Selbstreflexion: Perspektivwechsel
Betrachte deine Warnsignale einmal im Gesamten und aus einer anderen Perspektive. Stelle dir vor, eine fremde Person würde dir von deinen Symptomen berichten. Nimm dir Zeit für die Beantwortung folgender Fragen:

* Wie interpretiere ich die Symptome?
* Was rate ich der Person?
* Was empfiehlst du ihr, ab sofort nicht (mehr) zu tun (Länger 2018, S. 28–36)?

4.2   Effektives und effizientes Zeitmanagement

Im nächsten Schritt ist es essenziell, sich mit dem Thema Zeitmanagement zu befassen. Denn nur wenn wir unsere Zeit aktiv managen, haben wir die Chance, unsere Zeit effektiv und effizient zu nutzen. Zeitmanagement wird verstanden als die konsequente Anwendung von Arbeitstechniken in der täglichen Praxis, um die zur Verfügung stehende Zeit optimal zu nutzen. Dabei setzt gutes Zeitmanagement eine positive Spirale in Gang: Du organisierst deine Arbeit besser und erledigst sie damit mit weniger Aufwand. So hast du weniger Hektik und Stress und machst weniger Fehler. Zudem bist du somit ausgeglichener und motivierter (Bohinc 2014, S. 49–50).

4.2.1 Ziele setzen

Das Setzen von Zielen sowie der Überblick über diese ist der erste Schritt zu einem erfolgreichen Zeitmanagement. Schon durch das Weglassen von Dingen, die dir nicht weiterhelfen, deine Ziele zu erreichen, kannst du viel Zeit gewinnen. Noch mehr Zeit gewinnst du, wenn du deine Tätigkeiten so planst, dass du die Zeit, die dir zur Verfügung steht, optimal nutzt. Das kann dir dann gelingen, wenn du deine Tätigkeiten priorisierst und nur das erledigst, was wirklich wichtig ist. Lege deinen Fokus also nicht auf deine Tätigkeiten, sondern auf die Ziele, die dahinterstehen. So konzentrierst du dich bei deiner Arbeit auf die Tätigkeiten und Projekte, die dich in deiner beruflichen Entwicklung weiterbringen. Nimm dir sich also die Zeit, um dein berufliches Ziel oder Ziele zu beschreiben.

Ziele lassen sich besonders gut durch die SMART-Methode beschreiben. Diese wurde bereits im Abschn. 3.3.2 diskutiert. Achte jedoch unbedingt darauf, dir nicht zu viele Ziele zu setzen. Mit zu vielen Zielen überforderst du dich und wirst im schlimmsten Falle keines davon erreichen. Setze darüber hinaus Zeitpunkte fest, an denen du prüfst, wie weit du noch von der Erfüllung entfernt bist (Bohinc 2014, S. 50–52).

4.2.2 Arbeit planen

Durch gute Zeitplanung kannst du Stress und Hektik vermeiden, die auftreten würden, wenn du plötzlich feststellst, dass du etwas schnell erledigen musst. Indem du die zur Verfügung stehende Zeit bewusst auf die anstehenden Aufgaben verteilst, sparst du Zeit für den Durchführungsprozess. Durch die Zeitplanung konzentrierst du dich nur auf das Wesentliche und entlastest somit dein Gedächtnis, da du nicht ständig daran denkst, was du noch erledigen solltest. So kannst du gelassener arbeiten. Dazu werden deine zu erledigenden Arbeiten aufgelistet und **priorisiert**. Diese Priorisierung ist wichtig, um sicherzustellen, dass die wichtigsten Aufgaben erledigt werden. Weniger wichtige Aufgaben werden dabei in die nächste Arbeitsperiode verschoben.

Plane deine Arbeit jedenfalls **realistisch**. Denn oft plant man zu wenig Zeit ein, wenn zwar ein Termin dazu fixiert wurde, der Aufwand, um die Tätigkeit durchzuführen, jedoch noch unklar ist. Mach dir dies also unbedingt klar und achte darauf, die für eine Tätigkeit erforderliche Zeit realistisch abzuschätzen. Für größere Aufgaben solltest du große **Zeitblöcke** einplanen, damit du diese möglichst in einem Stück erledigen kannst. Erfahrungsgemäß brauchst du nach jeder Unterbrechung 20 min, bis du dich wieder wirklich auf das Thema konzentrieren kannst.

Plane nach Besprechungen, Telefonkonferenzen und Gesprächen immer auch Zeit für die **Nachbereitung** ein. Denn meist stehen nach einem Meeting noch Dinge an, die du erledigen musst. Auch das Bearbeiten von E-Mails, das Lesen von Berichten und das Studieren von Fachliteratur müssen in der Tagesplanung berücksichtigt werden – gerade für diese Tätigkeiten bleibt sonst oft kaum Zeit übrig. Auch für die Tagesplanung selbst solltest du ausreichend Zeit reservieren. Das Geheimnis guter Planung ist, dass sie kontinuierlich und konsequent durchgeführt wird. Bedenke dabei aber, dass viele deiner Tätigkeiten fremdgesteuert sind. Wenn du ständig Aufgaben erhältst, die du sofort erledigen musst, kannst du nur einen kleinen Teil deiner Zeit wirklich eigenständig planen.

Ein weiterer wichtiger Punkt im Zeitmanagement sind **Zeitpläne**. Hast du einen eigenständigen Arbeitsbereich, in dem du einen großen Teil deiner Tätigkeiten selbst planen kannst, dann solltest du die folgenden drei Pläne erstellen: Monats-, Wochen- und Tagesplan.

- Monatsplan: Damit verschaffst du dir einen Überblick über die nächsten vier Wochen. Hier reicht es jedoch, sich Arbeitsschwerpunkte für jede Woche festzulegen.
- Wochenplan: Hier legst du fest, worauf du dich in der kommenden Woche konzentrieren musst. Dabei dokumentierst du die zeitaufwendigen Aufgaben sowie die, welche unbedingt erledigt werden müssen.
- Tagesplan: Dieser legt fest, welche Aufgaben du am aktuellen Tag erledigen wirst. So konzentrierst du dich auf die wirklich wichtigen und dringlichen Aufgaben und verhinderst, dass du dich verzettelst. Am Ende des Tages siehst du dann, welche Aufgaben du geschafft hast.

Es empfiehlt sich, beim Erstellen deiner Tagespläne die ALPEN-Methode zu nutzen. Denn diese definiert 5 Schritte, mit denen du systematisch zu einem Tagesplan kommst:

- Schritt 1: Aufgaben zusammenstellen
- Schritt 2: Länge der Tätigkeiten schätzen
- Schritt 3: Pufferzeiten reservieren
- Schritt 4: Entscheidungen über Kürzungen und Streichungen treffen
- Schritt 5: Nachkontrolle und Übertragung der unerledigten Aufgaben

Du solltest jedenfalls in regelmäßigen Abständen prüfen, ob du deine Pläne auch einhältst. Es ist durchaus sinnvoll, am Ende jedes Tages eine Tagesrückschau durchzuführen, um zu reflektieren, was du an diesem Tag erreicht hast (Bohinc 2014, S. 53–56).

4.2.3 Tätigkeiten priorisieren

Solltest du mehr Aufgaben zu erledigen haben, als du in der zur Verfügung stehenden Zeit erledigen kannst, empfiehlt es sich, Prioritäten zu setzen. Dabei kannst du jedoch nur die Tätigkeiten auslassen, bei denen es dir freisteht, zu entscheiden, ob du diese erledigen willst oder nicht. Aufgaben, von denen erwartet wird, dass du diese erledigst, müssen mit deiner Führungskraft gemeinsam priorisiert werden. Dabei kannst du zwar Vorschläge machen, das letzte Wort hat jedoch dein:e Vorgesetzte:r. Das Priorisieren hat seinen Vorteil darin, dass du dich voll und ganz auf deine wichtigsten und dringlichsten Aufgaben konzentrieren kannst. Alles Weitere kann dann guten Gewissens vernachlässigt werden. So arbeitest du konsequent daran, deine Ziele zu erreichen, ohne dich dabei zu verzetteln.

Im Folgenden werden die beiden bekanntesten Methoden zur Priorisierung von Aufgaben, das **Pareto-Prinzip** sowie die **Eisenhower-Matrix**, näher erläutert.

Das Pareto-Prinzip wurde nach Vilfredo Pareto (1848–1923) benannt, der ursprünglich italienische Banken analysierte. Er stellte die Regel auf, dass sich 80 % aller Probleme mit einem Mitteleinsatz von 20 % lösen lassen. Diese Werte lassen sich in diesem Zusammenhang noch weiterspinnen:

- 80 % der Ergebnisse werden in 20 % der Gesamtzeit erarbeitet.
- Die verbleibenden 20 % der Ergebnisse benötigen 80 % der Gesamtzeit.
- Konzentriere dich zunächst auf die wichtigen 80 %, die du in nur 20 % der Zeit erledigen kannst.
- Widme dich anschließend den zeitaufwendigen Aufgaben, die nur 20 % des Gesamtergebnisses ausmachen.

Dies lässt sich auch auf das Zeitmanagement übertragen. So lässt sich zum Beispiel der Inhalt einer PowerPoint Präsentation sehr schnell erstellen. Dafür benötigst du 20 % der Zeit, während die restlichen 80 % gebraucht werden, um die Folien auch optisch schön zu gestalten. Konzentriere dich deshalb zuerst auf den Inhalt, bevor du dich dem Feinschliff widmest.

Die Eisenhower-Matrix ist nach dem Alliierten-General Dwight D. Eisenhower benannt. Dieser praktizierte sie selbst für seine eigene Zeitplanung. Die Aufgaben werden hier nach den Kriterien Wichtigkeit und Dringlichkeit geordnet. Die Dringlichkeit einer Aufgabe wird von außen diktiert. Wird eine Aufgabe nicht bis zu einem bestimmten Zeitpunkt erledigt, entsteht möglicherweise ein Schaden im Arbeitsumfeld. Die Wichtigkeit der Aufgabe wird von den gesetzten Zielen abgeleitet. Wichtig ist eine Aufgabe, wenn sie für das Erreichen eines gesetzten Ziels notwendig ist (Abb. 4.1).

Teile nun also deine Aufgaben anhand der Kriterien Dringlichkeit und Wichtigkeit in vier Gruppen ein:

- A-Aufgaben: Diese Aufgaben sind dringend und wichtig. Diese sollten zuerst erledigt werden.
- B-Aufgaben: Diese Aufgaben sind wichtig, aber nicht dringend. B-Aufgaben können zu dringenden A-Aufgaben werden, wenn sie zu lange unbearbeitet bleiben. Sie sollten deshalb vor den C-Aufgaben erledigt werden.
- C-Aufgaben: Diese Aufgaben sind dringend, aber nicht wichtig. Sie sollten entweder schnell erledigt, delegiert oder gestrichen werden.

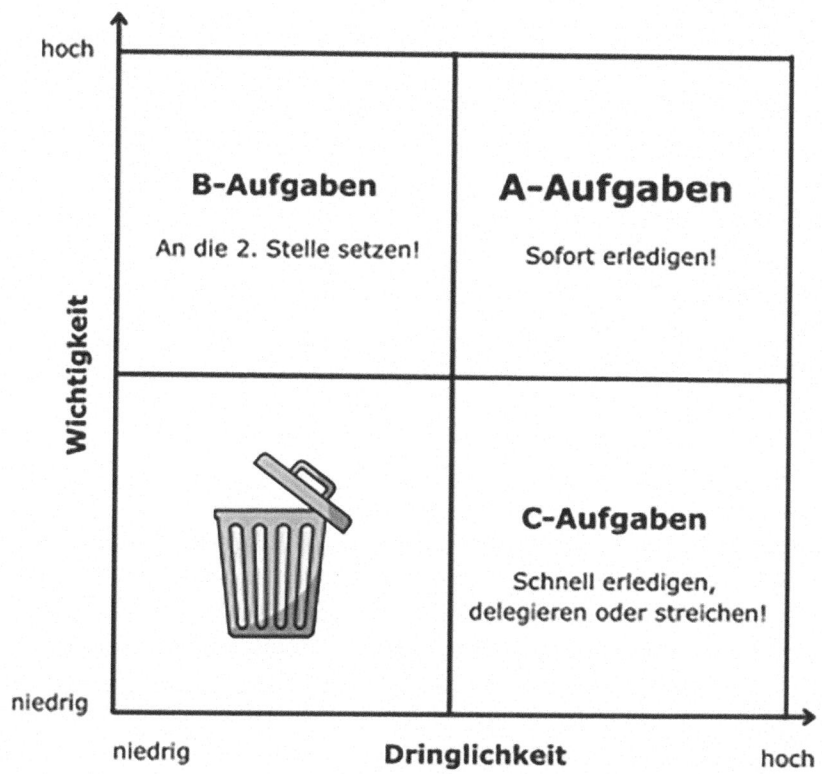

Abb. 4.1 In der Eisenhower-Matrix werden Aufgaben nach ihrer Dringlich- und Wichtigkeit in vier Gruppen eingeteilt. (Quelle: Autorin)

- Papierkorb: Aufgaben, die weder dringend noch wichtig sind, sollten aus der Planung gestrichen werden (Bohinc 2014, S. 56–58).

4.2.4 Tätigkeiten durchführen

Im nächsten Schritt sehen wir uns an, welche Methoden du verwenden kannst, um deine Tätigkeiten effizient durchzuführen. Dafür werden die Pomodoro-Technik, das Time-Blocking, die Rapid Planning Method und die 2-Minuten-Regel vorgestellt (Timedoctor 2025).

1. Eat that Frog

Brian Tracy entwickelte diese Zeitmanagementtechnik mit einer einfachen Prämisse: Erledige jeden Morgen zuerst deine schwierigste und wichtigste Aufgabe. Die Idee stammt aus dem Zitat von Mark Twain: „Iss morgens als Erstes einen lebenden Frosch, dann wird dir den Rest des Tages nichts Schlimmeres mehr passieren."

Wie funktioniert sie?

- Entscheide dich für dein größtes Ziel und was du am meisten erreichen willst. Schreibe es dann auf.
- Definiere deine wichtigsten Leistungsindikatoren.
- Lege eine Frist fest.
- Erstelle eine Liste der Dinge, die du tun musst, um dein Ziel zu erreichen, und ordne die Liste nach Priorität. Das, was zuerst auf der Liste steht, sind deine „Frösche".
- Kümmere dich zuerst um deine „Frösche". Wenn du mehr als einen Frosch hast, nimm den schwierigsten, schlimmsten zuerst in Angriff.
- Tue jeden Morgen als Erstes etwas, das dich deinem Ziel näher bringt. Auf diese Weise weißt du, dass du auf dem Weg zu deinem wichtigsten Ziel vorangekommen bist, ganz gleich, was später am Tag passiert.

2. Pomodoro-Technik

Die Pomodoro-Technik wurde von Francesco Cirillo entwickelt und basiert auf kurzen Arbeitsintervallen, die durch regelmäßige Pausen unterbrochen werden. Sie eignet sich besonders für Menschen, die Schwierigkeiten haben, ihre Konzentration über längere Zeit aufrechtzuerhalten.

Wie funktioniert sie?

- Wähle eine Tätigkeit aus.
- Stelle einen Timer auf 25 min und arbeite konzentriert an dieser Aufgabe.
- Nach Ablauf des Timers machst du eine Pause von 5 min.
- Wiederhole den Zyklus viermal und mache dann eine längere Pause von 20–30 min.

Diese Methode fördert die Konzentration, hilft dabei, Ablenkungen zu vermeiden, und sorgt durch die regelmäßigen Pausen für Erholung.

2. Time Blocking

Beim Time Blocking wird der Tag in feste Zeitblöcke unterteilt, die spezifischen Aufgaben oder Aktivitäten gewidmet sind. Diese Methode schafft Struktur und fördert fokussiertes Arbeiten.

Wie funktioniert sie?

* Plane deinen Tag im Voraus, indem du Zeitblöcke für verschiedene Tätigkeiten festlegst.
* Ordne den wichtigsten Aufgaben die produktivsten Tageszeiten zu (z. B. morgens).
* Lasse Pufferzeiten zwischen den Blöcken für unerwartete Verzögerungen.

Time Blocking hilft dabei, Ablenkungen zu minimieren und sicherzustellen, dass wichtige Aufgaben ausreichend Zeit erhalten.

3. Rapid Planning Method (RPM)

Diese Methode konzentriert sich darauf, klare Ziele zu setzen und durch gezielte Planung massive Fortschritte zu erzielen.

Drei zentrale Fragen:

* Was will ich wirklich erreichen?
* Warum ist das wichtig?
* Was muss ich tun?

RPM hilft dabei, Prioritäten klar zu definieren und fokussiert auf das Wesentliche hinzuarbeiten.

4. Die 2-Minuten-Regel

Hier geht es darum, kleine To-Dos nicht mehr mitzuschleppen. Denn alles, was in unter 2 min erledigt werden kann, machst du sofort. Das war`s!

Experimentiere gerne herum und finde so heraus, ob du eine oder mehrere dieser Methoden in deinem Arbeitsalltag nutzen möchtest.

4.2.5 Zeitdiebe ermitteln

Außerdem ist es essenziell für eine effektive und effiziente Arbeitsweise, sich mit potenziellen Zeitdieben auseinanderzusetzen. Die Metapher der „Zeitdiebe" im Zeitmanagement wurde einst von Lothar Seiwert eingeführt. Er bezeichnet damit Störfaktoren in der täglichen Arbeit, die Zeit kosten, aber nichts zur Arbeitsleistung beitragen. Dabei bemerkt man oft Zeitdiebe nicht. Dies sind Gewohnheiten, die sich irgendwann eingeschlichen haben. Wir neigen dazu, nicht zu überprüfen, ob unsere Gewohnheiten sinnvoll sind. Ein relativ neuer, aber dafür umso gieriger Zeitdieb ist das Smartphone. Es ist durch seine Neuartigkeit nicht in seiner Auflistung, aber ist heutzutage wichtig zu erwähnen: verzichte nach Möglichkeit, am besten komplett, auf dein privates Smartphone im Arbeitsalltag. So kann viel Zeit und Energie gespart werden.

Die häufigsten Zeitdiebe nach Lothar Seiwert sind die folgenden:

- Unfähigkeit, „Nein" zu sagen: Wenn du es als unhöflich empfindest, eine Bitte von Kolleg:innen abzuschlagen, kann es dir schwer fallen, nein zu sagen. Dann sagst du zu, obwohl du eigentlich an deinen Tätigkeiten arbeiten müsstest.
- Keine Ziele gesetzt: Wenn du Aufgaben auf dem Tisch liegen hast, aber kein klares Ziel, das du verfolgst, mangelt es an Orientierung. Manche Tätigkeiten davon sind zwar sinnvoll, tragen aber nicht zur Erreichung des Ziels bei, das du eigentlich verfolgen müsstest. Du kannst deshalb erst Prioritäten für deine Arbeit setzen, wenn du deine Ziele formuliert hast.

- Keine Tagesplanung: Wenn man morgens mit der ersten Aufgabe beginnt, die auf dem Tisch liegt, und abends feststellt, dass man gar nicht zu den wichtigen Dingen gekommen ist.
- Telefonische Unterbrechungen: Anrufe kommen oft unangemeldet. Dabei unterbricht jeder Anruf die Tätigkeit, mit der man gerade beschäftigt ist. Das Anliegen der:s Anrufer:in ist dann plötzlich wichtiger als die eigene Arbeit.
- Ablenkungen: Das Gespräch mit Kolleg:innen am Arbeitsplatz gehört zum Arbeitsalltag, denn es fördert Beziehungen und trägt zu einem guten Arbeitsklima bei. Doch manchmal ist ein solches Gespräch fehl am Platz, nämlich dann, wenn du dich gerade voll und ganz auf deine Tätigkeit konzentrieren musst.
- Unstrukturierte Besprechungen: Besprechungen sind oft notwendig. Effektiv und effizient sind sie aber nur, wenn sie gut vorbereitet und strukturiert durchgeführt werden. Meetings, in denen die Teilnehmer:innen ständig abschweifen oder nicht auf den Punkt kommen, stehlen nur die Zeit der Teilnehmer:innen.
- Papierkram: Wenn sich auf dem Schreibtisch oder im E-Mail-Postfach etwa Anträge für Reisekosten oder Bestellungen von Arbeitsmaterial türmen, führt das letztlich dazu, dass du für deren Bearbeitung mindestens doppelt so lange brauchst, als wenn du diesen Papierkram sofort erledigst. Bleibt dieser lange liegen, musst du dich nämlich erst wieder daran erinnern, worum es eigentlich ging.
- Unangemeldete Besucher:innen: Es ist schön, wenn ein:e Kolleg:in bei dir vorbeischaut und sich mit dir austauschen will – aber nur dann, wenn es in deinen Terminkalender passt. Der Besuch wird zum Zeitdieb, wenn durch dessen Anwesenheit eine wichtige Sache liegen bleibt.
- Aufschieben unangenehmer Aufgaben: Zu deinem Arbeitsalltag gehören unter Umständen auch Tätigkeiten, die du nicht gerne erledigst. Dann schiebt man diese unangenehmen Aufgaben oft lange vor sich her – bis sie dann plötzlich dringend erledigt werden müssen, obwohl man eigentlich keine Zeit dafür hat.
- Perfektionismus: Eine gute Arbeit abzuliefern ist wichtig. Aber überleg dumal: musst du wirklich, wenn du eine Präsentation vorbereitest, bei

jeder einzelnen Folie noch am kleinsten Detail herumfeilen? Hier ist weniger oft mehr, denn somit gewinnst du Zeit für andere Aufgaben.

- Mangelnde Selbstdisziplin: Wenn du deine Tätigkeiten und deinen Tag zwar planst, dich dann aber nicht daran hältst, weil du deinen Tag spontan umplanst. Die Zeit, die du durch gute Planung sparen wolltest, geht so schnell verloren.
- Fehlerhafte Kommunikation: Kommunikation ist oft sehr fehleranfällig. Du kannst aber proaktiv sein und zur Vermeidung von Missverständnissen beitragen. Denn jedes Missverständnis führt dazu, dass du und deine Kolleg:innen in die falsche Richtung laufen und am Ende mehr Zeit brauchen, um alles wieder geradezurücken.

Du wirst vermutlich nicht von all diesen Zeitdieben überfallen bzw. hast du den einen oder anderen davon schon ganz gut im Griff. Zugleich sind in dieser Liste vielleicht gar nicht alle Zeitdiebe aufgeführt, mit denen du zu kämpfen hast. Halte deshalb auch nach deinen persönlichen Zeitdieben Ausschau. Eine systematische Analyse der Tätigkeiten, auf die du deine Zeit verwendest und vielleicht auch verschwendest, gibt dir einen guten Überblick über den Verbrauch deines Zeitbudgets. Stelle dir also mal die folgenden Fragen:

- Mit welchen Zeitdieben, die in der Liste vorkommen, hast du zu kämpfen?
- Welche Zeitdiebe finden sich darüber hinaus bei dir?
- Welche Zeitdiebe stehlen dir die meiste Zeit?
- Was kannst du konkret ändern, um deine größten Zeitdiebe in den Griff zu bekommen (Bohinc 2014, S. 58–60)?

4.2.6 Perfektionsanspruch mindern

Neigst du, wie so viele andere übrigens auch, zum Perfektionismus? Steht der Aufwand, den du in eine Aufgabe investierst, in einem gesunden Verhältnis zu deinen Ergebnissen? Das Streben nach Vollkommenheit benötigt sehr viel Energie und Zeit. Perfektionist:innen sind daher besonders gefährdet, in eine Spirale negativen Stresses zu geraten. Perfektion ist gut, wenn sie in einer gesunden Relation bleibt oder für deine Stelle wirklich unabdingbar ist. Wenn dir dein Perfektionsanspruch jedoch die Laune verdirbt, dich unter Druck setzt, dir Zeit für Lebenslust und Wohlbefinden stiehlt und du deshalb sogar in Konflikte am Arbeitsplatz und in deinem sozialen Umfeld gerätst, solltest du da mal genauer hinschauen. Dafür empfehlen sich die folgenden drei Schritte (Länger 2018, S. 81–85):

1. **Schritt: Selbsterkenntnis**
   - Verstärkst du mit deinem Perfektionsanspruch den inneren Druck bei dir selbst? Fühlst du dich permanent gestresst und gefangen in einem Hamsterrad, weil gut eben nichts gut genug ist?
   - Setzt du andere unter Druck, weil sie deinem Perfektionsanspruch nicht genügen?
   - Verurteilst du Kolleginnen und Kollegen und wertest deren Arbeitsergebnisse ab?
   - Leidest du unter deinem Verhalten?

Möchtest du dich von deinem hohen Anspruch selbst entlasten? Dann mache dir die Folgen deiner Haltung in deinem beruflichen Umfeld mit den nächsten Fragen klar.

2. **Schritt: Verantwortung übernehmen**
   - Bist du mürrisch oder schlecht gelaunt, wenn nicht alles so läuft, wie du es erwartet hast?
   - Hast du Konflikte am Arbeitsplatz wegen deines Perfektionsdenkens?
   - Ist mit gravierenden Folgen zu rechnen, wenn du deinen Anspruch reduzierst?
   - Wie steht es um deine Gelassenheit und Offenheit? Wie beurteilen andere diese Aspekte?
   - Kannst du dem Imperfekten bei anderen und bei dir selbst mit Humor begegnen?
   - Was sagen Außenstehende über deinen Perfektionsanspruch? Und wie gehst du mit diesen Rückmeldungen um? Stimmen Selbst- und Fremdbild überein?

3. Schritt: Perfektionsanspruch mit Selbstliebe ersetzen

Oft ist ein Mangel an Selbstliebe der wahre Grund für Perfektionsdruck. Viele Perfektionist:innen haben Glaubenssätze wie „Ich werde nur geliebt, wenn ich perfekte Leistungen abliefere" verinnerlicht. Und da sie in ihren Augen selbst nie perfekt sind, lieben sie sich selbst auch nicht selbst. Sie fühlen sich nicht vollwertig, nicht wertgeschätzt, wenn nicht alles um sie herum perfekt ist.

Entspanne dich und gönne dir selbst Anerkennung und Wertschätzung für deine Leistungen, deinen Erfolg und dein Arbeitsvermögen. Vereinbare mit dir selbst, deine hohen Ansprüche auf ein gesundes Maß herunterzuschrauben, damit du dich und andere nicht unnötig weiter unter Druck setzt.

Schaue dabei nicht auf das, was nicht ist. Erkenne lieber an, was ist. Ersetze dabei allmählich die alten Glaubenssätze durch neue unterstützende Sätze wie die folgenden:

- Ich bin liebenswert.
- Ich erkenne die Leistungen der anderen an.
- Ich übernehme Verantwortung für mich selbst.
- Die anderen sind liebenswert, genauso wie sie sind.
- Ich erkenne jedes Arbeitsverhalten als wertvoll an.
- Gemeinsam sind wir stark.
- Alle sind gleich viel wert.
- Ich lache über mich selbst.
- Ich liebe mich selbst.

Diese Arbeit an sich selbst kann dauern und eventuell ein Leben lang nötig sein, um sich immer wieder innerlich zu entspannen und zur Selbstliebe zurückzukehren. Es lohnt sich jedenfalls dranzubleiben!

4.2.7 Pausen und Selbstfürsorge

Zuletzt ist es wichtig, das Thema Pausen und Selbstfürsorge als Teil eines produktiven Arbeitsstils zu diskutieren. Denn nur wenn wir aktiv Pausen machen und Selbstfürsorge betreiben, werden wir langfristig leistungsfähig und gesund bleiben.

Warum sind **Pausen** nun also wichtig? Sie sind dazu da, sich zu erholen und neue Kraft zu schöpfen. Sie werden aber auch oft von Mitarbeiter:innen genutzt, um sich über die Arbeit oder auch Privates auszutauschen. Dabei hat jedes Unternehmen eine eigene Pausenkultur. Während es in einigen Unternehmen üblich ist, eine gemeinsame Frühstücks- oder Mittagspause zu machen, geht in anderen jede:r den eigenen Weg (Bohinc 2014, S. 18).

Unabhängig von der jeweiligen Pausenkultur in deinem Unternehmen solltest du regelmäßig Pausen machen, um dich wieder zu erholen. Denn um geistig auf der Höhe zu sein und dies auch zu bleiben, braucht das Gehirn besser mehrere kleine Pausen als eine lange. Welche Länge und Frequenz für dich selbst die Beste ist, zeigt dir in erster Linie dein Gefühl, höre also darauf.

Dabei ist Pause nicht gleich Pause. Je nach Tätigkeit können sich unsere Bedürfnisse stark unterscheiden. Vielsitzer:innen benötigen vielleicht eher Bewegung, Vielredner:innen Stille, einsame Arbeiter:innen soziale Kontakte und verbalen Austausch, die strukturierten Perfektionist:innen entspannte, kreative Auszeiten ohne Druck. Was jedoch für alle Typen gilt: Regelmäßige Pausen sind entscheidend, um Anspannung und Aktivität auszugleichen. Sollten dir die folgenden Tipps logisch oder sogar überflüssig vorkommen, dann darfst du dich entspannt zurücklehnen. Dann machst du sicherlich schon einiges richtig. Für alle denen es nicht so geht, folgen nun Tipps zum Runterkommen:

- Mache mehrere kürzere Pausen statt einer langen.
- Lüfte deinen Arbeitsplatz
- Gehe raus an die frische Luft.
- Triff Menschen, die dir Energie geben.
- Höre Musik.

- Fahr eine Runde Fahrrad.
- Iss niemals am Arbeitsplatz, sondern wechsele dafür den Raum oder gehe ins Freie.
- Gönnen dir (falls du der Typ dafür bist und die Möglichkeit an deinem Arbeitsplatz besteht) einen Kurzschlaf von 10 bis 15 min (Länger 2018, S. 107–109).

Und was hat es nun mit der **Selbstfürsorge** auf sich? Unser Arbeitsalltag ist geprägt von Zeitnot, Überlastung und Unsicherheit. Dabei kann unsere tägliche Arbeit eine Vielzahl an belastenden Gefühlen mit sich bringen, wie Anspannung, Ohnmacht oder Hilflosigkeit. Um von diesen unerwünschten Zuständen Abstand zu gewinnen, empfiehlt es sich, Selbstfürsorge zu betreiben. Denn sobald du inneren Druck bemerkst, solltest du für Entlastung sorgen. In früheren Zeiten konnten wir Stresshormone in gefährlichen Situationen durch Kampf oder Flucht abbauen. Heute geraten wir oft in eine Art Erstarrung, weil wir uns am Arbeitsplatz nicht angemessen körperlich und emotional abreagieren können. Dies kann jedoch mit einer gehörigen Portion Selbstfürsorge gelingen. Nur wenn wir uns darüber im Klaren sind, was genau uns belastet und bedrückt, können wir wirksame Maßnahmen ergreifen (Länger 2018, S. 27–28). Deshalb folgen nun ein paar Tipps zur Selbstfürsorge, wende die Techniken für dich an, die für dich stimmig wirken:

- Hände waschen: Hast du gerade ein unangenehmes Gespräch hinter dich gebracht? Dein:e Kolleg:in hat den Gedanken- oder Seelenmüll wieder einmal bei dir abgeladen? Dann hilft ein einfacher Trick: Wasche deine Hände. Denn Reinigungsrituale unterstützen die Seele für gewöhnlich beim Loslassen.
- Post-it-Block: Schreibe deine Sorgen, düsteren Gedanken oder negative Erlebnisse während der Arbeitswoche auf einen Post-it-Block. Nutze für jeden negativen Aspekt einen eigenen Zettel. Am Ende der Arbeitswoche entsorge alle Zettel in einem Feuer oder im Mülleimer. Du kannst dabei den Satz sagen: „Ich lasse los."
- Fußbad: Nimm ein Fußbad in Meersalz oder Natronlauge. Stelle dir dabei vor, wie alles Negative durch deine Füße in das Wasser abgegeben wird. Im Sommer kann es auch ein Fluss, See oder ein Bach sein.

Überlasse deine Sorgen und Probleme dem Wasser, das alles mit sich nimmt.

- Feierabendrituale: Ziehe dich um oder leite deine Freizeit mit einer ausgiebigen Dusche ein: Stelle dir vor, du stehst unter einem reinigenden Wasserfall, der deinen Gedankenmüll entsorgt.
- Kreativ sein: Es gibt vielfältigste Möglichkeiten kreativ zu werden. Du kannst etwa malen, tanzen, singen, basteln, dich als Hobbyhandwerker:in versuchen oder dir eine schöne Umgebung gestalten. Suche eine für dich passende Ausdrucksform, um dich von der Arbeit abzulenken und in deinen ganz eigenen Flow zu kommen.
- Natur: Halte auf dem Weg nach Hause bei einem Baum oder Fluss an. Sprich dir deine Sorgen bei dieser Gelegenheit von der Seele. Das Wasser des Flusses nimmt deine Sorgen mit. Alternativ kannst du einen Waldspaziergang machen. Der Wald hat eine therapeutische Wirkung.
- Spiritualität: Beten hat auf viele Menschen eine reinigende Wirkung.
- Meditation: Setze dich hierfür vor eine Kerze und blicke in die Flamme. Du kannst dir vorstellen, wie sich deine Sorgen und belastenden Gedanken darin auflösen.
- Orte: Suche Orte auf, die du mit Trost und innerem Halt verbindest.
- Angstliste: Schreibe alle deine Ängste auf. Notiere alles, was du befürchtest und was im schlimmsten Fall eintreten könnte. Falte die Liste zusammen und lege sie an einen sicheren Ort. Nimm die Liste etwa vier Wochen später wieder in die Hand und prüfe, welche deiner Befürchtungen sich realisiert haben. Du wirst vermutlich lachen. Denn nichts Schlimmes ist passiert!
- Gedankenreise „Innerer Garten": Wenn du durch schwierige Gefühle beeinträchtigt bist, stelle dir in Gedanken einen Garten vor. Fantasiere dabei alles in ihn hinein, was du brauchst, um dich dort wohl und entspannt zu fühlen. Das könnte sein: Gartenhäuschen, Bäume und Pflanzen, Beete, Blumenwiese, Brunnen, Schaukel, Liegestühle und Grill – was auch immer du willst. Stell dir vor, wer bei dir ist. Das können Menschen oder Tiere oder Niemand sein. Schaffe dir deine Wohlfühloase. Speichere dieses Bild gut in deinem Kopf ab. Von nun an kannst du jederzeit auf dieses Bild zugreifen und an diesen entspannenden Ort reisen (Länger 2018, S. 50–52).

4.3   Kontinuierliche Erweiterung von Kompetenzen

Im letzten Schritt zum Meistern deines eigenen Arbeitsstils geht es um die kontinuierliche Erweiterung deiner Kompetenzen. Denn es ist wichtig für deinen Erfolg, beruflich nicht auf der Stelle zu treten, sondern dich stetig weiterzuentwickeln. Besonders bei deinem Berufseinstieg wirst du feststellen, dass dir spezifisches Wissen für dein Tätigkeitsgebiet fehlt. Je schneller du dir dieses aneignest, desto besser kannst du deinen Job ausüben. In der Regel wirst du dabei von deinem Unternehmen unterstützt, dir über Kurse und Seminare neues Wissen und neue Fähigkeiten anzueignen. Dein Unternehmen ist nicht nur daran interessiert, dass die Mitarbeiter:innen sich weiterentwickeln, es ist sogar dazu verpflichtet, durch sogenannte betriebliche Weiterbildung den Mitarbeiter:innen die für ihre Aufgaben erforderlichen Fähigkeiten zu vermitteln. Für dich ist es wichtig, bei der Planung deiner Weiterbildung systematisch vorzugehen. Über die betrieblichen Weiterbildungen hinaus gibt es noch viele andere Möglichkeiten, dich fachlich fit zu halten, die im Folgenden diskutiert werden (Bohinc 2014, S. 115).

4.3.1   Analyse der eigenen Kompetenzen

Um sich für eine Weiterbildungsmaßnahme zu entscheiden, gilt es im Vorfeld zu ermitteln, welche Kompetenzen dich beruflich weiterbringen. Um deine nötigen Kompetenzen zu definieren, stell dir die folgenden Fragen:

- Welche Aufgaben habe ich?
- Welche meiner Tätigkeiten kann ich bereits gut erledigen?
- Wo muss ich noch dazulernen?
- Welche Kompetenzen besitze ich und welche muss ich noch ausbauen?
- Was möchte ich durch Weiterbildung erreichen?

Wenn du noch Informationen benötigst, um diese Fragen beantworten zu können, kannst du diese auf folgenden Wegen einholen:

- Jobprofil und Tätigkeitsbeschreibung: Informiere dich, ob es dies für deine Stelle gibt. Denn in diesen Komponenten werden die Tätigkeiten und oft auch die dafür erforderlichen Kompetenzen beschrieben.
- Entwicklungsgespräch mit der Führungskraft: In diesen Gesprächen gibt die Führungskraft ihren Mitarbeiter:innen Feedback über ihre Leistung und bespricht mit ihnen Möglichkeiten zur Weiterentwicklung.
- Gespräche mit Kolleg:innen: Frage deine Kolleg:innen, wie diese sich die Kompetenzen für ihre Tätigkeit angeeignet haben. Sie können dir oft geeignete Angebote empfehlen.

Hast du einen Überblick über deine nötigen Kompetenzen gewonnen, kannst du diese wie folgt genauer analysieren:

- Ausgleich von Basiskompetenzen: Wenn dir grundlegende Kompetenzen für dein Tätigkeitsfeld fehlen, dann solltest du eine entsprechende Qualifizierungsmaßnahme deines Unternehmens besuchen.
- Soft Skills aneignen: Bist du fachlich fit, aber willst deine persönlichen und sozialen Kompetenzen ausbauen, dann solltest du ein Soft Skill-Training besuchen.
- Spezialwissen erwerben: Wenn du feststellst, dass du in speziellen Bereichen deines Fachgebietes noch Lücken hast, dann suche gezielt nach entsprechenden Qualifizierungsmöglichkeiten (Bohinc 2014, S. 115–117).

4.3.2 Nutzung von Qualifizierungsmöglichkeiten

Das Angebot an Weiterbildungsmöglichkeiten wächst stetig. Im Folgenden wird unterschieden zwischen Off-the-Job-Trainings, E-Learning-Angebote und On-the-Job-Qualifizierung.

> **Achtung:** Oft werden Qualifizierungen vom Unternehmen bezahlt, unter der Voraussetzung, dass du dich für eine Zeit daran bindest. Überlege dir also gut, ob du das möchtest.

Zu den Off-the-Job-Qualifizierungen zählen etwa klassische Seminare und Trainings, weil diese außerhalb des Arbeitsumfeldes stattfinden. Dadurch kannst du dich besser auf das Lernen konzentrieren, bist jedoch bei der Umsetzung des Gelernten – dem Transfer auf deine konkreten Aufgaben – auf dich selbst gestellt.

Bei E-Learning-Angeboten kommt es zum Einsatz von elektronischen oder digitalen Medien für die Präsentation und Verteilung von Lernmaterialien. Dazu zählen Lernformen, bei denen du allein am Computer, Laptop oder Tablet arbeitest, aber auch Webinare, bei denen du in einem virtuellen Klassenraum mit der:m Trainer:in kommunizierst.

Im Bezug auf On-the-Job-Qualifizierungsmaßnahmen steht der Lerntransfer im Vordergrund. Denn hier werden die Lerninhalte direkt am Arbeitsplatz vermittelt. Dazu gibt es die Möglichkeiten der Jobrotation, Mentorings, Coachings, Job-Enlargement sowie Job-Enrichment (Bohinc 2014, S. 119–121).

4.3.3 Mögliche Zusatzqualifikationen

Zusatzqualifikationen verbessern deine Chancen auf attraktivere Stellen, indem sie fundiertes Wissen vermitteln und auch dein berufliches Netzwerk erweitern. Diese Qualifikationen werden von Hochschulen, Fachhochschulen, Business Schools und Berufsakademien angeboten, deren Abschlüsse anerkannt sind und oft mit einem akademischen Grad verbunden werden. Titel wie „Dr." oder „MBA" vermitteln unterschwellig Fachkompetenz und erhöhen das Prestige, insbesondere in höheren Karrierepositionen. Es gibt vielfältige Möglichkeiten für Zusatzqualifikationen, die je nach Berufsziel und vorheriger Ausbildung variieren. Ein Studium oder ein postgradualer Studiengang können die Karrierechancen steigern, besonders wenn sie anwendungsorientiert oder berufsbegleitend sind. Zertifikate bieten in bestimmten Fachgebieten ebenfalls einen wichtigen Nachweis von Fachwissen.

Zusatzqualifikationen erfordern jedoch Zeit und Durchhaltevermögen. Vor der Entscheidung solltest du dir gut überlegen, ob du die damit verbundenen Herausforderungen meistern kannst. Eine Selbstreflexion kann bei der Entscheidung helfen. Stelle dir also die folgenden Fragen:

- Bringt die gewählte Zusatzqualifikation einen deutlichen Nutzen für deine Karriere?
- Hast du die persönlichen Voraussetzungen für ein Studium, eine Promotion, den MBA, ein zusätzliches Studium oder ein Zertifikat?
- Lässt sich die Zusatzausbildung mit dem Beruf vereinbaren?
- Wirst du von deiner:m Arbeitgeber:in unterstützt?
- Ist die Finanzierung gesichert?
- Lernst du gerne?
- Wirst du von deiner Familie, deiner:m Partner:in und von Freund:innen unterstützt (Bohinc 2014, S. 122–124)?

4.3.4 Flexibilität und Anpassungsfähigkeit

Die einzige Konstante im Leben ist die Veränderung. Die Arbeitswelt ist im Wandel und mit ihr ihre Anforderungen an uns. Neue Technologien, veränderte Arbeitsmodelle und sich wandelnde Erwartungen verlangen von uns nicht nur Fachwissen, sondern vor allem die Fähigkeit, uns stetig weiterzuentwickeln. Deshalb ist es für uns essenziell, Flexibilität und Anpassungsfähigkeit in unseren Arbeitsstil zu integrieren.

> Bleibe offen. Bleibe neugierig. Und lerne immer weiter.

Doch wie wird oder bleibt man flexibel und anpassungsfähig? Nun folgen zentrale Strategien und Ansätze (Indeed 2025):

1. Akzeptanz von Veränderung: Eine der wichtigsten Voraussetzungen für Flexibilität ist das Verständnis, dass Veränderung unvermeidlich ist. Wer Veränderungen als Chance statt als Bedrohung betrachtet, kann sich besser darauf einstellen.
2. Entwicklung eines Growth Mindsets: Ein Growth Mindset ist die Überzeugung, dass Fähigkeiten und Intelligenz durch Lernen und Übung verbessert werden können. Diese Denkweise unterstützt die Bereitschaft, neue Herausforderungen anzunehmen. Das Gegenteil davon wäre das starre „Fixed Mindset".

3. Zielsetzung und Selbstreflexion: Das Setzen persönlicher Ziele ist ein effektiver Weg, um flexibel zu bleiben und sich weiterzuentwickeln.

4. Stärkung von Schlüsselkompetenzen: Flexibilität erfordert eine Kombination aus verschiedenen Fähigkeiten, die gezielt entwickelt werden können:

   • Problemlösung: Lerne, kreative Lösungen für unerwartete Herausforderungen zu finden.

   • Kommunikation: Klare Kommunikation und aktives Zuhören helfen dabei, Missverständnisse zu vermeiden und besser auf Veränderungen zu reagieren.

   • Teamarbeit: Arbeite effektiv mit unterschiedlichen Menschen zusammen, um neue Perspektiven zu gewinnen.

5. Kontinuierliches Lernen: Lifelong Learning ist ein zentraler Aspekt der Anpassungsfähigkeit. Indem du dich regelmäßig weiterbildest, bleibst du auf dem neuesten Stand und bist besser vorbereitet auf neue Anforderungen.

6. Umgang mit Unsicherheiten: Flexibilität bedeutet auch, mit Unsicherheiten umgehen zu können. Deine Resilienz spielt hierbei eine entscheidende Rolle.

7. Praktische Anwendung im Alltag: Flexibilität kann durch konkrete Handlungen im Arbeitsalltag gestärkt werden:

   • Neue Aufgaben übernehmen: Freiwillig Verantwortung für ungewohnte Tätigkeiten übernehmen zeigt Anpassungsfähigkeit und fördert persönliches Wachstum.

   • Netzwerken: Arbeite mit neuen Teams oder Abteilungen zusammen, um unterschiedliche Perspektiven kennenzulernen.

   • Organisation: Eine strukturierte Arbeitsweise erleichtert die Anpassung an unvorhergesehene Änderungen.

Flexibilität und Anpassungsfähigkeit sind also zusammenfassend festgehalten keine statischen Eigenschaften, sie können durch bewusste Strategien kontinuierlich entwickelt werden. Indem man eine positive Einstellung gegenüber Veränderung bewahrt, aktiv lernt und sich neuen

Herausforderungen stellt, bleibt man langfristig erfolgreich in einer dynamischen Arbeitswelt.

> Flexibilität bedeutet nicht, sich ständig zu verbiegen oder sich selbst zu verlieren. Es geht darum, innerlich beweglich und offen zu bleiben, während du gleichzeitig bei deinen Werten und Zielen verankert bist.

4.3.5 Coaching

Bei der Diskussion über die kontinuierliche Erweiterung von Kompetenzen darf meiner Meinung nach das Thema Coaching nicht fehlen. In diesem Buch gab es schon an vielen Stellen die Möglichkeit zu reflektieren. Gerade am Anfang kann es schwer fallen, sich selbst zu reflektieren, aber auch später in der Entwicklung macht es jedenfalls Sinn, punktuell ein professionelles Gespräch in Anspruch zu nehmen.

Denn einer neutralen, unbeteiligten Person die eigene Lage zu schildern, tut gut. Sich die Zeit zu nehmen für die eigenen inneren Anliegen heißt, sich selbst ernst und wichtig zu nehmen. Einen Ort zu haben, an dem man ohne äußere Beeinflussung herausfinden kann, wie es weitergeht, ist ungemein entlastend und wohltuend. Immer wieder habe ich mithilfe eines Coachings Klarheit über meine beruflichen Ziele und Wünsche gewonnen und mich neu ausgerichtet. Ohne diese professionelle Unterstützung hätte ich beispielsweise nicht herausgefunden, dass ich gerne Menschen Dinge beibringe. Also: Lass dich begleiten. Die professionelle Unterstützung durch erfahrene und gut ausgebildete Coaches ist eine gute Methode, um deine persönlichen Kompetenzen zu erweitern, deine Selbstfürsorge zu entfalten und um beruflich weiterzukommen.

Wann sich Coaching besonders anbietet

Ein häufiger Coaching-Anlass im Job sind kommunikative Störungen im Team und zwischen Kolleg:innen. Ein Coaching beziehungsweise die Teilnahme an einer Coaching-Gruppe ist sinnvoll, wenn du:

- Konflikten an deinem Arbeitsplatz ausgesetzt bist,
- dich über- bzw. unterfordert fühlst und gesundheitlich beeinträchtigt bist,
- wegen deiner beruflichen Belastungen schlaflose Nächte erlebst,
- in eine höhere oder neue berufliche Position wechseln und dich professionell dabei begleiten lassen willst,
- dir Klarheit über deine berufliche Zukunft wünschst.

Haben wir Halsschmerzen, gehen wir zur:m Ärztin bzw. Arzt, unser Auto bringen wir regelmäßig in die Werkstatt, doch für unser seelisches Wohlbefinden leisten wir uns oft wenig. Das ist sehr schade, denn aus der Stressforschung weiß man, dass vor allem ungelöste Konflikte zu Stressgefühlen führen. Stress wiederum löst Entzündungen im Körper aus. In der Folge entwickeln sich körperliche und psychische Symptome. Bedenke dies bei deiner Abwägung für oder wider ein Coaching. Oftmals genügt bereits eine Stunde bei einer:m guten Coach, um wieder in Bewegung zu kommen und um gut weiterarbeiten zu können.

Die Suche nach der oder dem richtigen Coach
Diese Suche kann ganz schön überfordernd sein, denn Angebote gibt es hier wie Sand am Meer. Erkundige dich in deinem Kolleg:innen- und Freundeskreis, wer eine:n Coach kennt und gute Erfahrungen gemacht hat. Eine persönliche Empfehlung ist oft Indiz für eine gute Adresse, wobei die Chemie eindeutig stimmen muss.

Alternativ kannst du im Internet die Webseiten der zahlreichen Coaching-Verbände oder einzelnen Coaches durchforsten und so eine:n Expert:in in deiner Nähe finden. Verlasse dich dabei auf deine Wahrnehmung und Intuition, ob die Person zu dir passt. Frage zu Beginn am besten nach einer Probe- oder Schnupperstunde, um die Arbeitsweise der:s Coachs kennenzulernen. Oft bezahlen sogar Arbeitgeber Einzelcoachings und die Teilnahme an Coaching-Gruppen, sprich dies gerne in deinem nächsten Gespräch mit deiner:m Vorgesetzten bzw. in der Gehaltsverhandlung an. Denn dein Gewinn: Du kannst mithilfe einer:s zuhörenden und wertschätzenden Coaches wieder in eine gute und gesunde Arbeitsweise zurückfinden. Das Erfahrene und Erlernte bleibt für immer in deinem

Als Verfechterin der Selbstreflexion lege ich dir wärmstens ans Herz, dir ab und zu ein Coaching zu gönnen. Es macht Freude, sich selbst zu entdecken und neue Handlungsmöglichkeiten für sich selbst zu erforschen. So bleibst du innerlich flexibel (Länger 2018, S. 85–89).

4.4   Nutzung von KI im Arbeitsalltag

Abschließend darf das Thema KI im Arbeitsalltag nicht fehlen, wenn es um die Entwicklung eines effektiven und effizienten Arbeitsstils geht. Wie schon in Abschn. 2.6 fließen in dieses Kapitel die Empfehlungen der KI-Experten Markus Hirzberger und Fabian Hemmerich sowie Inhalte aus meiner Recherche von KI-Tools ein.

4.4.1 Chancen der Nutzung und Anwendung von KI im Arbeitsalltag

KI-Tools haben sich in den letzten Jahren zu einem unverzichtbaren Werkzeug in der modernen Arbeitswelt entwickelt. Sie bieten zahlreiche Möglichkeiten, Prozesse zu optimieren, Zeit zu sparen und die Produktivität zu steigern. Im Folgenden wird auf die Chancen beim Einsatz von KI-Tools im Arbeitsalltag eingegangen:

- Innovationsförderung: KI-Tools eröffnen neue Möglichkeiten für kreative und innovative Ansätze in verschiedenen Branchen. Du kannst sie also gut für Brainstormings und zur Ideenfindung nutzen.
- Effizienzsteigerung: KI-Tools können repetitive Aufgaben (zum Teil) automatisieren und so Zeit für anspruchsvollere Tätigkeiten schaffen.
- Verbesserte Entscheidungsfindung: Durch die Analyse großer Datenmengen liefern KI-Tools fundierte Erkenntnisse, die bessere Entscheidungen ermöglichen. Du kannst so deine Perspektive wunderbar erweitern.

- Personalisierung: KI-Tools können individuelle Bedürfnisse erkennen und maßgeschneiderte Lösungen anbieten, z. B. in der Kundenbetreuung oder im Marketing.
- Fehlerreduktion: Automatisierte Prozesse minimieren menschliche Fehler und können die Genauigkeit erhöhen.

Anwendungsbereiche von KI im Arbeitsalltag
KI-Tools können in nahezu allen Bereichen des Arbeitslebens eingesetzt werden. Hier sind einige der wichtigsten Anwendungsbereiche:

- Automatisierung von Routineaufgaben: KI-Tools wie Robotic Process Automation (RPA) können wiederkehrende Aufgaben übernehmen, z. B. Datenverarbeitung, Rechnungsstellung oder Terminplanung. Dies spart Zeit und ermöglicht es dir, dich auf strategische Aufgaben zu konzentrieren.
- Datenanalyse und Reporting: KI-Tools sind in der Lage, große Datenmengen schnell zu analysieren und relevante Muster oder Trends zu erkennen. Dies ist besonders nützlich für Berichte, Marktanalysen oder Prognosen.
- Personalmanagement: Im Bereich Human Resources (HR) unterstützt KI bei der Rekrutierung, Mitarbeiterbindung und Weiterbildung. KI-basierte Lernplattformen wie mytalent.ai bieten personalisierte Weiterbildungsmöglichkeiten zum Thema KI-Kompetenz.
- Kundenservice: KI-Tools werden häufig für Chatbots und virtuelle Assistent:innen eingesetzt, um Kund:innnenanfragen rund um die Uhr effizient zu bearbeiten. Diese Systeme lernen kontinuierlich dazu und verbessern ihre Antworten mit der Zeit.
- Marketing und Vertrieb: KI-Tools können Marketingkampagnen durch gezielte Analysen des Kundenverhaltens optimieren.
- Projektmanagement: KI-basierte Tools wie Trello oder Asana bieten intelligente Funktionen zur Planung und Überwachung von Projekten.

4.4.2 Herausforderungen bei der Nutzung von KI

Trotz ihrer deutlichen Vorteile bringt die Nutzung von KI-Tools auch Herausforderungen mit sich:

* Ethische und rechtliche Grauzonen
  - Datenschutz: KI-Tools benötigen große Datenmengen. Daher kommt es zu einem Spannungsfeld zwischen Nutzen und Privatsphäre.
  - Bias: Wie schon erwähnt, können Vorurteile in Trainingsdaten zu diskriminierenden Ergebnissen führen (z. B. bei Bewerbungsalgorithmen).
  - Haftung: Hier ist die Frage: Wer verantwortet Fehlentscheidungen autonomer Systeme? Bzw. wer verantwortet am Ende die Richtigkeit aller Daten?
* Mensch-Maschine-Interaktion
  - Akzeptanzprobleme: Mitarbeiter:innen fürchten unter Umständen einen Jobverlust oder Überforderung durch komplexe KI-Tools.
  - Qualifikationslücken: Der Bedarf an KI-Kompetenzen steigt, doch viele Unternehmen investieren zu wenig in Weiterbildung.
* Technische und organisatorische Hürden
  - Kosten: Entwicklung, Implementierung und Wartung von individuellen KI-Lösungen sind ressourcenintensiv.
  - Integration: Bestehende IT-Infrastrukturen sind oft nicht kompatibel, was langfristige Umstellungen erfordert.

Die Nutzung von KI-Tools im Arbeitsalltag bietet immense Chancen zur Steigerung der Produktivität und Effizienz. Mit einem strategischen Ansatz können Unternehmen nicht nur ihre Prozesse optimieren, sondern auch Innovationen vorantreiben. Dazu kannst du deinen Teil beitragen.

4.4.3 KI-Tools für den Arbeitsalltag

Doch welche KI-Tools kannst du nun für welchen Zweck konkret nutzen? Diese Auflistung erhebt keinen Anspruch auf Vollständigkeit, es folgen erste Inspirationen. Du kannst daraufhin selbst entscheiden, ob und falls du KI-Tools nutzen möchtest. Hier sind also einige der derzeit etabliertesten KI-Tools, die in verschiedenen Bereichen eingesetzt werden können:

1. **Text- und Sprachverarbeitung**
   - ChatGPT: Ein vielseitiger Assistent für Texterstellung, Brainstorming, Übersetzungen und Automatisierung von Kund:innenanfragen. Besonders geeignet für kreative und administrative Aufgaben wie das Verfassen von Berichten oder E-Mails.
   - DeepL: Ein führendes Tool für präzise Übersetzungen und Stilkorrekturen, ideal für internationale Kommunikation.
   - Grammarly: Unterstützt bei der Grammatik- und Stilprüfung, um professionelle Texte zu erstellen.
2. **Datenanalyse und Recherche**
   - Perplexity.ai: Bietet schnelle und fundierte Recherchen sowie übersichtliche Darstellungen von Ergebnissen. Besonders nützlich für Marktforschung oder Berichterstellung.
   - Deep Research: Analysiert große Datenmengen und erstellt umfassende Berichte in kurzer Zeit. Ideal für juristische oder technische Analysen.
3. **Projektmanagement und Organisation**
   - Asana und ClickUp: KI-basierte Tools zur Planung, Überwachung und Verwaltung von Projekten. Sie helfen Teams, Aufgaben effizient zu organisieren und Deadlines einzuhalten.
   - Clockwise: Optimiert die Kalenderverwaltung durch intelligente Zeitplanung und Priorisierung.
4. **Kreative Inhalte**
   - Canva: Bietet KI-Funktionen zur schnellen Erstellung von Grafiken, Präsentationen und Social-Media-Inhalten.
   - Midjourney: Generiert hochwertige Bilder basierend auf Textbeschreibungen, ideal für Marketing oder Designprojekte.

5. **Meetings und Notizen**
   * Fireflies.ai: Transkribiert Besprechungen in Echtzeit, identifiziert wichtige Inhalte und erleichtert die Nachbereitung von Meetings.
   * Fathom: Ein KI-Assistent für Besprechungsnotizen, der automatisch Protokolle erstellt.
6. **Automatisierung von Routineaufgaben**
   * Excel Formula Bot: Generiert Excel-Formeln auf Anfrage, spart Zeit bei komplexen Tabellenberechnungen.
   * Tidio KI: Automatisiert Kund:innenanfragen im Kundenservice durch intelligente Chatbots.

Es scheint mir nun noch wichtig festzuhalten, dass du keine Angst davor haben solltest, durch KI-Tools ersetzt zu werden. Vielmehr solltest du sie mal testen und für dich herausfinden, was du wie und zu welchem Zweck zur Effizienzsteigerung deiner Arbeitsleistung nutzen möchtest.

Abschließend lässt sich festhalten, dass dein persönlicher Arbeitsstil etwas ist, bei dem es sich lohnt, strategisch vorzugehen und diesen laufend zu optimieren. Dein Arbeitsstil ist dabei nichts Statisches und richtet sich auch immer nach deiner aktuellen Tagesverfassung. Achte also auf deine Gesundheit und behalte dabei auch immer deine Ziele im Blick, um auch langfristig sinnvolle Maßnahmen für deine Weiterentwicklung treffen zu können.

Fazit

Großartig, du bist nun also offiziell am Ende angekommen! Mit diesem Buch hast du nun die wichtigsten Schritte für einen erfolgreichen Arbeitseinstieg in Österreich durchlaufen. Von der Bewerbung über den Arbeitsantritt bis hin zur Entwicklung des eigenen Arbeitsstils – jeder dieser Aspekte ist entscheidend, um in der Arbeitswelt gut Fuß zu fassen und langfristig erfolgreich zu sein.

Doch der Einstieg ist nur der Anfang deiner beruflichen Reise. Die Kompetenzen, die du in dieser Anfangsphase erlernst, bilden das Fundament für deine weitere Karriere. Flexibilität, Bereitschaft zur ständigen Weiterentwicklung und die Fähigkeit, deine beruflichen Ziele im Blick zu behalten, werden dir dabei helfen, auch zukünftige Herausforderungen zu meistern.

Denke daran, dass jeder berufliche Weg individuell ist. Es gibt keine „perfekte" Karriere, aber es gibt den für dich besten Weg, auf dem du Stärken einbringen und mit Freude arbeiten kannst. Die Strategien und Einsichten aus diesem Buch sollen dir dabei helfen, deinen eigenen Weg zu gestalten und selbstbewusst in die Zukunft zu blicken.

© Der/die Herausgeber bzw. der/die Autor(en), exklusiv lizenziert an Springer Fachmedien Wiesbaden GmbH, ein Teil von Springer Nature 2025
I. Muche, *Erfolgreicher Einstieg in den österreichischen Arbeitsmarkt*,
https://doi.org/10.1007/978-3-658-48941-0

Ich wünsche dir viel Erfolg auf deiner beruflichen Reise und hoffe, dass du mit Zuversicht und Selbstvertrauen die nächsten Schritte gehst. Dein Erfolg beginnt jetzt.

Literatur

AMS Österreich (2024a). Richtig bewerben. https://www.ams.at/arbeit-suchende/richtig-bewerben#wien, geöffnet am 11.06.2024.

AMS Österreich (2024b). Vorstellungsgespräch. https://www.ams.at/arbeit-suchende/richtig-bewerben/vorstellungsgespraech#wien, geöffnet am 10.07.2024.

AMS Österreich (2024c). Vorbereitung auf das Vorstellungsgespräch. https://be-werbungsportal.ams.or.at/bewerbungsportal/#!/content/demd/bewerbungs-training-8/persoenlicher-kontakt/vorbereitung-auf-das-vorstellungsgespraech/, geöffnet am 10.07.2024.

AMS Österreich (2024d) https://www.ams.at/arbeitsuchende/frauen/vorstel-lungsgespraech-frau-unerlaubte-fragen#wien, geöffnet am 07.03.2025.

AMS Österreich (2024e) https://www.ams.at/arbeitsuchende/frauen/unconsci-ous-bias#wien, geöffnet am 07.03.2025.

AMS Österreich (2024f) https://www.ams.at/arbeitsuchende/frauen/gehalts-verhandlung-tipps-frauen#wien, geöffnet am 07.03.2025.

Arbeiterkammer, 2025a, https://www.arbeiterkammer.at/beratung/arbeitun-drecht/Arbeitsvertraege/index.html, geöffnet am 14.3.2025.

Arbeiterkammer, 2025b, https://wien.arbeiterkammer.at/beratung/arbeitun-drecht/arbeitsklima/Tattoos-Piercings-im-Job.html#:~:text=Darf%20dir%20 dein%3Ae%20Chef,oder%20Zungenpiercings%20kein%20Problem%20 sein, geöffnet am 07.03.2025.

Blog2Social (2024). 10 Zahlen und Fakten fÃ¼r Dein XING Marketing. https:// www.blog2social.com/de/blog/xing-tipps-fakten-statistiken/#:~:text=Mit%20 Stand%20Juli%202024%20hat,sind%20es%2014%2C2%20Millionen., geöffnet am 15.11.2024.

BMAW, 2025, https://www.bmaw.gv.at/Services/Barrierefreie-Inhalte/Leichter-Lesen/Arbeitsrecht/Urlaub.html#urlaubsanspruch-und-urlaubsausmass-0-4, geöffnet am 15.03.2025.

Bohinc, T. (2014). Der erfolgreiche Karrierestart. Offenbach: GABAL Verlag.

Chlebowski, S. (2024). Das perfekte Bewerbungsschreiben: Aufbau, Vorlagen, Tipps. https://www.karriere.at/c/a/bewerbungsschreiben, geöffnet am 11.06.2024.

Culturemonkey, 2024, https://www.culturemonkey.io/employee-engagement/ feedback-culture/, geöffnet am 28.03.2025.

Faber, M., & Riedel, H. (2014). Die erfolgreiche Probezeit. Wiesbaden: Springer Gabler.

Feichtner, W., & Dietzel, H. (2019). Bewerben 4.0 für Berufseinsteiger. Freiburg: Haufe.

HR Heute, 2025, https://www.hr-heute.com/glossar/mitarbeitergespraeche, geöffnet am 2.4.2025.

Indeed, 2025, https://www.indeed.com/career-advice/career-development/how-to-be-flexible-at-work, geöffnet am 7.4.2025.

IT Service Network, 2025, https://it-service.network/it-lexikon/kuenstliche-intelligenz/, geöffnet am 6.4.2025.

Jobs Standard, 2019, https://jobs.derstandard.at/arbeitsrecht/mitarbeitergesprach-vorbereiten-tipps-fur-mitarbeiter-und-chefs/, geöffnet am 2.4.2025.

Jobteaser, 2025 https://www.jobteaser.com/de/advices/444-erster-arbeitstag-checkliste-und-3-wichtige-tipps-worauf-es-ankommt#:~:text=Mittags-pause%20am%20ersten%20Arbeitstag&text=Oftmals%20bietet%20 sich%20die%20Mittagspause,deinem%20neuen%20Unternehmen%20 %C3%BCblich%20ist geöffnet am 07.03.2025.

Kununu, 2025 https://news.kununu.com/tattoo-im-job/, geöffnet am 07.03.2025.

Länger, A. (2018). Gesund und Leistungsfähig im Job. Freiburg: Haufe.

LinkedIn (2024). Über LinkedIn. https://about.linkedin.com/de-de#:~:text=Mit%20 %C3%BCber%20850%20Millionen%20Mitgliedern,gr%C3%B6% C3%9Fte%20berufliche%20Netzwerk%20der%20Welt.&text=Wir%20 m%C3%B6chten%20%C3%B6konomische%20Chancen%20f%C3%BCr%20 alle%20Mitglieder%20des%20globalen%20Arbeitsmarktes%20schaffen., geöffnet am 15.11.2024.

Munich Business School https://www.munich-business-school.de/en/l/guide/salary-negotiation, geöffnet am 1.4.2025.

OMR, 2024, https://omr.com/de/reviews/contenthub/ki-bewerbungsschreiben, geöffnet am 8.4.2025.

Rohrschneider, U., & Lorenz, M. (2015). Bewerbung für Berufseinsteiger. Freiburg: Haufe.

Schedlberger, B. (2022). Der Traumjob - Machen, was man liebt. https://www.karriere.at/c/a/traumjob-finden?gad_source=1&gclid=CjwKCAjwyJqzBh-BaEiwAWDRJVFFPfXOxOcCdXCRDdnxpFQ0SHSaoCd9Yfv4l3y-X02eqrxEBAr9nL9BoCwbwQAvD_BwE, geöffnet am 11.06.2024.

Schmidt Strategie, 2025, https://www.schmidt-strategie.at/konstruktives-feedback/, geöffnet am 1.4.2025.

Schrammel, T. (2022). 10 Erfolgstipps für Berufseinsteiger. Wiesbaden: Springer.

Stepstone, 2025, Jobmessen 2025 in Österreich. https://www.stepstone.at/Karriere-Bewerbungstipps/karrieremessen/, geöffnet am 08.03.2025.

Stepstone, 2025a, https://www.stepstone.at/Karriere-Bewerbungstipps/absage-bei-der-bewerbung/, geöffnet am 10.03.2025.

Stepstone, 2025b, https://www.stepstone.at/Karriere-Bewerbungstipps/die-gelungene-selbstprasentation-im-bewerbungsgesprach/, geöffnet am 10.03.2025.

Stepstone, 2025c, https://www.stepstone.at/Karriere-Bewerbungstipps/dresscode-beim-bewerbungsgesprach/, geöffnet am 10.03.2025.

Timedoctor, 2025, https://www.timedoctor.com/blog/time-management-tools-and-techniques/, geöffnet am 7.4.2025.

Uniport, 2025a, https://www.uniport.at/news-detail/wie-matche-ich-mit-meinem-beruf, geöffnet am 10.03.2025.

Uniport, 2025b, https://www.uniport.at/news-detail/persoenlichkeitsanalyse, geöffnet am 10.03.2025.

Uniport, 2025c, https://www.uniport.at/news-detail/dein-aufschlag-im-bewerbungs-match, geöffnet am 10.03.2025.

Uniport, 2025d, https://www.uniport.at/bewerbungstipps#c8406, geöffnet am 10.03.2025.

Uniport, 2025e, https://www.uniport.at/news-detail/dein-erster-arbeitsvertrag-nach-dem-studium, geöffnet am 10.03.2025.

Workwise, 2025, https://www.workwise.io/karriereguide/karriere/neuen-job-finden, geöffnet am 2.4.2025.

Weiterführende Lektüre

Brenner, D. (2017). Networking im Job. Freiburg: Haufe.

Gehde, S. (2023). Bewerbung to go. Regensburg: metropolitan.

Haag, B. (2020). Authentische Karriereplanung. Wiesbaden: Springer.

Hofert, S. (2010). Stellensuche und Bewerbung im Internet. Hannover: humboldt.

Knoblauch, J., Wöltje, H., Hausner, M., Kimmich, M., & Lachmann, S. (2019). Zeitmanagement. Freiburg: Haufe.

Müller-Thurau, C. (2017). Knigge für Berufseinsteiger. Freiburg: Haufe.

Müller-Thurau, C. (2016). Erfolgreich bewerben mit Soft Skills. Freiburg: Haufe.

Nürnberger, E., Hölzl, F., & Raslan, N. (2019). Selbstbewusst auftreten im Job. Freiburg: Haufe.

Reich, E. (2017). Knigge für Berufseinsteiger, Hochschulabsolventen und Azubis. Wiesbaden: Haufe.

Rohrschneider, U., & Lorenz, M. (2011). Jobsuche und Bewerbung. Freiburg: Haufe.

Tenbergen, R. (2017). Gehaltsverhandlungen führen. Freiburg: Haufe.

Topf, C., & Gawrich, R. (2003) Business-Etikette. Offenbach: GABAL Verlag.

Tries, J. & Reinhardt, R. (2008). Konflikt- und Verhandlungsmanagement. Wiesbaden: Springer.

Weinem, A. (2019). Einstellungstests für Berufseinsteiger. Freiburg: Haufe.

The manufacturer's authorised representative in the EU is Springer
Nature Customer Service Centre GmbH, Europaplatz 3, 69115 Heidelberg,
Germany. If you have any concerns regarding our products, please
contact ProductSafety@springernature.com

Printed and bound by CPI Group (UK) Ltd, Croydon, CR0 4YY

28/04/2026

02098542-0007